本书系作者参与的国家社科基金项目"健康中国战略视域下我国健身休闲产业供给侧结构优化研究"（课题编号：17BTY012）的阶段性成果，得到了该项目负责人戴俊教授的大力支持和悉心指导。

"一带一路"形势下
我国体育产业的发展战略研究

李　雁◎著

"国家一级出版社"　　中国纺织出版社　"全国百佳图书出版单位"

内容提要

本书重点对"一带一路"形势下我国体育产业的发展战略进行了研究。主要对我国体育产业发展的现状进行了分析,对"一带一路"形势下我国体育产业结构优化、政策调整、市场经营与管理的战略进行了研究,并重点对我国竞技体育产业和休闲体育产业的发展战略进行了分析研究。本书语言通俗,内容丰富,具有一定的科学性、系统性和时代性,通过对体育产业发展现实与发展战略的分析,提出了我国体育产业发展的建议,能够对新时代我国体育产业的发展起到一定的促进意义,是一本值得学习研究的著作。

图书在版编目 (CIP) 数据

"一带一路"形势下我国体育产业的发展战略研究 / 李雁著 . -- 北京:中国纺织出版社,2018.9 (2022.1 重印)

ISBN 978-7-5180-4516-7

Ⅰ . ①一… Ⅱ . ①李… Ⅲ . ①体育产业—产业发展—发展战略—研究—中国 Ⅳ . ① G812

中国版本图书馆 CIP 数据核字(2017)第 323421 号

责任编辑:姚 君　　　　　　责任印制:储志伟

中国纺织出版社出版发行

地址:北京市朝阳区百子湾东里 A407 号楼　邮政编码:100124

销售电话:010-67004422　传真:010-87155801

http://www.c-textilep.com

E-mail:faxing@e-textilep.com

中国纺织出版社天猫旗舰店

官方微博 http://www.weibo.com/2119887771

北京虎彩文化传播有限公司　各地新华书店经销

2018 年 9 月第 1 版　　2022 年 1 月第 9 次印刷

开本:710×1000　1/16　印张:17

字数:237 千字　　　定价:70.00 元

前　言

党的十九大报告指出："中国特色社会主义进入新时代,我国社会主要矛盾已经转化为人民日益增长的美好生活需要和不平衡不充分的发展之间的矛盾。"在新的时代背景下,人们对生活水平的追求越来越高,当前,人民对美好生活需求的期待,以及对全面身心健康的追求都为我国体育事业的发展提供了更为广阔的空间。随着国民经济的不断发展,体育产业作为第三产业已成为促进国民经济发展的重要力量。

从2013年"一带一路"的构想被提出到如今"一带一路"被写入了党章可见其重要的地位。十九大报告指出,要以"一带一路"建设为重点,坚持引进来和走出去并重,遵循共商共建共享原则,加强创新能力开放合作,形成陆海内外联动、东西双向互济的开放格局。由此可见,"一带一路"倡议为我国体育产业的发展带来了新的历史机遇和挑战,如何在新的时代背景下,按照新的价值和标准构建一个体育产业科学发展的体系,就成为当前一个重要的研究课题。

本书以"一带一路"和体育产业为研究对象,首先在阐述体育产业基本理论和"一带一路"倡议的基础上,对当前时代背景下,我国体育产业的发展现状做了重点研究和分析,找出影响和制约其发展的因素,提出了具有针对性的发展对策。然后,对"一带一路"倡议下我国体育产业结构优化、体育产业政策调整、体育产业市场经营与管理等几个方面进行了细致地研究与分析;最后针对当前我国竞技体育产业和休闲体育产业的发展现状,分析了其在"一带一路"倡议下面临的发展机遇与挑战,提出了非常有针对性的发展对策。

　　总体来看,本书共有八章。第一章主要阐述了体育产业相关概念和基本理论,以为接下来的研究提供必要的理论基础。第二章细致分析了"一带一路"倡议,对其产生与发展的背景做了重点的研究,指明了"一带一路"对我国体育事业发展的重要意义。第三章主要分析了当前我国体育产业的发展现状、发展前景和发展对策。第四章和第五章分别研究了"一带一路"倡议下促进我国体育产业结构优化和体育产业政策完善的相关策略。第六章重点研究了"一带一路"倡议下,我国体育产业市场经营和管理的策略。第七章和第八章主要研究了"一带一路"倡议下我国竞技体育产业和休闲体育产业发展的策略。

　　"一带一路"是时下一个比较热门的话题,如何在"一带一路"背景下更好地促进我国体育产业的发展,还需要我们不断地探索。本书紧跟时代发展的潮流,将我国体育产业置于"一带一路"整个大背景下去研究,富有鲜明的时代性和价值性,并且高度重视理论与实践的密切结合,还具有较强的可操作性。由此可见,本书是一本兼具科学性、时代性、价值性和可行性的学术著作,能为我国体育产业的发展提供一定的理论与实践指导。

　　本书在撰写的过程中,参考和借鉴了诸多专家和学者关于体育产业和"一带一路"的研究成果,在此表示真诚的感谢。由于时间和水平有限,本书难免存在不足之处,恳请广大读者批评指正。

李雁

2017 年 10 月

目 录

第一章 体育产业相关概念与基本理论概述

体育产业作为一项朝阳产业,近年来得到了党中央和国务院的高度重视,其在我国发展非常迅速,也是"一带一路"倡议背景下应该注重发展的产业。本章将首先探讨体育产业的相关概念,对我国体育产业的内容和具体分类进行分析,并进一步研究体育产业的属性和特征,紧接着对体育市场的供给和需求理论进行分析,最后进一步探讨体育消费及体育消费者行为理论。

第一节 体育产业相关概念解析

近些年来,体育产业在我国快速发展,特别是国务院发布《关于加快发展体育产业促进体育消费的若干意见》以后,我国体育产业迎来了前所未有的发展机遇。关于体育产业的概念,专家学者们也有着不同的理解,本节将对体育产业相关概念进行阐述,并对体育产业概念给出自己的理解。

一、体育产业概念解析

(一)广义的体育产业说

广义的体育产业指的是与体育运动相关联的一切生产、经营和服务活动,其所生产出的体育物质产品和体育精神产品,可以满足人们的物质生活和精神生活需求。体育产业是国民经济中的重要组成部分,可以拉动我国经济的增长,带动社会就业,甚至成为一个国家的支柱性产业。广义的体育产业说，包含的范围非常广泛，是一种宏观的产业发展说。

（二）狭义的体育产业说

狭义的体育产业指的是人们常说的体育服务业，体育服务业主要是提供给消费者活劳动的体育服务简称，主要包括体育竞赛表演业、健身休闲业、体育教育培训业、体育媒体、体育旅游等，不包括体育用品业等，这是狭义的体育产业说。

（三）体育产业与体育事业

体育事业是指在社会生活中，以一定的目标、组织、系统活动为基本框架，在国家的相应部门领导下，由国家财政支持生产或创造具有公益性、福利性公共产品（物质产品或精神产品）的组织单位的集合。体育产业，是我国确立了社会主义市场经济之后，逐渐发展起来的，为人民群众提供的经济性和营利性的服务性产品。

从某种程度上讲，体育产业是我国的体育事业在发展到一定程度以后的产物，体育产业的快速发展促进了我国体育事业的发展，两者存在着一定的联系，共同发展。

（四）体育产业概念的界定

总的来说，体育产业是随着社会经济的不断发展而出现的一种新的产业形态，它是体育运动由原来的自给自足的自为模式向组织化、生产化、消费化和营利化的产业运营模式转变的产物。

我们将体育产业的概念界定为：为社会提供体育产品或体育服务的经济活动的集合以及经济部门的总和。

二、体育产品解析

（一）体育产品的概念

在体育产业中，由体育生产活动产生的并且可以满足人们某种体育需求的劳务产品，就是所谓的体育产品。体育产品主要有以下几个方面的性质。

（1）"体育性"。体育产品是由体育活动产生的，而非其他活动。

（2）"生产性"。体育产品是在体育生产活动中产生的，它属于生产性的劳务活动，是一种产出品而非投入品。

（3）"劳务性"。体育产品是以服务的形式向消费者提供的劳务产品，这种服务形式属于第三产业的内容。

（4）"满足体育需求性"。体育产品是为了满足人们的某种体育需求而产生的，这种需求与体育运动的发展水平及体育产业的发展状况有着密切的关系。

（二）体育产品的分类

通常情况下，可以将体育产品大致分为三种类型，即体育健身休闲产品、体育竞赛表演产品以及体育技术培训产品，具体如下。

1. 体育健身休闲产品

满足人们健身和休闲娱乐需要的各类体育产品的集合，就是所谓的体育健身休闲产品。体育健身休闲产品的范畴较为广泛，健身指导、锻炼咨询、体育医疗咨询以及各种休闲体育服务等都属于这一范畴。

作为体育产品的重要组成部分，体育健身休闲产品对消费者有着一定的要求，主要表现为直接参与各种体育消费活动。随着现代社会的不断发展，现代文明病成为人类发展的隐患，在这样的形势下,人们对健康和生活质量的要求越来越高,因此体育健身休闲产品就受到人们的高度重视。人们都希望通过参加各种各样的休闲健身活动来增强自己的体质,以抵抗现代文明病的侵袭。

2. 体育竞赛表演产品

一定的体育组织为满足人们娱乐和审美的心理需求而组织和策划的一系列体育比赛或者竞技表演,就是所谓的体育竞赛表演产品。通常来说,体育竞赛表演产品的提供者主要是各种营利性或非营利性的体育组织。消费者在进行体育消费的过程中,并不直接参与其中,而是通过观看与欣赏的形式进行消费。发展到现在,体育竞赛表演产品已成为现阶段体育产品的重要组成部分,它对于刺激和发展人们的体育需求具有重要的作用。

3. 体育技术培训产品

伴随着体育运动赛事的发展而产生的一种对运动员或体育人才进行培训,以使其竞技能力得到提高的一种服务,就是所谓的体育技术培训产品。体育技术培训是由体育教师或教练员等通过一定的训练手段和方法培养运动人才的过程。体育技术培训的产品就是指其中的训练方法、手段等,这种产品的生产与消费对整个体育产品的质量有着非常重要的作用。在竞技体育快速发展的今天,现代运动竞赛的高度发展使得体育技术培训产品越来越多,科学化程度也越来越高。

(三)体育产品的特征

体育产品除了具备一般产品的特征外,其自身还具有较为显著的特征。具体来说,主要从以下几个方面得到体现。

1. 非实物性

在体育产业中,体育产品的基本生产活动就是体育运动,而体育运动本身是不会产生任何实物产品的。因此,体育产业概念中提到的体育健身产品、体育竞赛产品、体育训练产品、体育信息产品乃至体育无形资产等都属于非实物形态。这种非实物形态主要是由体育产品的非实物性特征所决定的。

2. 生产和消费的不可分割性

在体育产业中,体育产品具有生产和消费的不可分割性特征,具体来说,这种不可分割的特征主要表现在时间、空间以及对体育活动的亲身参与三个方面上,具体如下。

(1)从时间上来说,其不可分割性主要表现在生产过程与消费过程的同时开始与结束。由于体育产品是以体育服务的形式出现的,因此,一旦体育比赛或者体育锻炼活动结束,人们的观赛活动或锻炼活动也随之结束。在体育赛事欣赏中,人们在观赛后,能够保留的也就只有手里的门票、身上的汗水和脑海里的回忆,这一过程是不能重复和储存的。所以说在时间上,体育产品的生产与消费是同步进行的。

(2)从空间上来说,其不可分割性主要是指体育生产活动和消费活动往往是在同一空间中实现的,如健身房和比赛现场。

(3)对体育活动的亲身参与是无法替代的。人们要想获得比赛的感受必须要靠自己亲身体验才行,一个人是不可能通过别人来实现健身的目的的,也不可能让别人代替自己获得观赏比赛的愉悦感。因此,体育消费者必须要亲临现场,亲身参与其中,才能真正完成对体育产品的消费过程,在消费过程中达到自己的目的。因此说,消费者对体育产品消费的亲身参与性也对体育产品的生产和消费的不可分割性产生重要的决定性作用。

3. 需求层次的高端性

一般来说,人的需求可以划分为生存需求、享受需求和发展需求三个层次,这三个层次是人们不同发展阶段的不同追求。人们对于体育产品的需求属于高层次性需求,这主要表现在以下三个方面。

（1）满足基本的生存需求并不是人们对体育产品的唯一需求。衣食住行是人们生活中的必需品，而体育需求并不是人们生存所必需的，也就是说如果人们离开了体育运动，并不会对其生存构成威胁，充其量只是影响到人们的生活质量而已。因此，在经济学中，生活必需品被描述为替代性很低，甚至是替代弹性几乎为零的产品，而体育产品的替代性则较高。

（2）人们对体育产品的需求能够使享受性需求得到一定的满足。在现实生活中，人的需求是不断发展和变化的。当人们基本的生存需求得到满足后，就会追求更高层次的享受。这种高层次的享受就包括人们对生活质量和自身健康状况的关注。而体育产品对于提高人们的生活质量具有重要的作用。当人们的可支配收入达到一定水平后，参与体育运动和体育赛事欣赏就成为满足人们享受性需求的重要形式。

（3）人们对体育产品的需求能够在一定程度上满足人们的发展性需求。这一特征主要表现在两个方面。一方面，人们在基本的生存需求得到满足后，会产生更高的欲望，对生活质量的要求会更高，如强身健体、进行体育娱乐发展身心等，而体育产品则能在很大程度上满足人们的这种需求。另一方面，人们对体育的需求可以看作是一种重要的人力资本投资。人力资本一般被理解为通过人力投资形成的、附着于劳动者身上并能够为其带来持久性收入来源的生产能力。人们通过体育产品的消费，能使体力有所增强，使劳动力的再生产得以实现；通过体育产品的消费，能够使疾病减少，进而使缺勤的情况减少，使劳动生产率得以提高；通过体育产品的消费，能够使健康状况得以改善，延长工作的年限；通过体育产品的消费，能够使压力有所缓解，社会适应性有所提升。

4. 消费结果的不可预测性

在体育产业中，体育产品具有的消费结果的不可预测性特征主要从以下几个方面得到体现。

第一,在体育产业中,体育产品是以活劳动的形式提供的,而活劳动具有不可完全重复性的特点。因为每一次劳动过程,劳动者都会受主客观等因素的影响,因此其劳动过程很难保证完全一致。

第二,体育产品要作用于人,而每个人的情况又存在着较大的差异,如同样是"瘦身运动",由于每个人的体质都是不同的,锻炼后最终的结果也难以预测。

第三,在体育运动中,高水平的竞技体育比赛最难预测。当消费者购买到一场比赛的入场券时,比赛的激烈程度,比赛的走向,比赛结果等都难以在比赛前预测出来。

5. 质量评判的差异性

体育产品具有质量评判的差异性特征主要从以下两个方面得到体现。

一方面,在同一项体育赛事中,由于消费者主观感受具有一定的差异性,观众在观赏体育赛事时,会根据自己的好恶或者知识、经验的不同,对场上球员的表现及比赛的结果做出截然不同的评价。

另一方面,在娱乐健身活动中,要想满足绝大多数消费者的需求是非常困难的一件事情,如有的消费者会对健身器材有意见,有的会对服务态度有意见。这也恰恰是服务类产品的特点之一。

6. "最终产品"特性

供最终消费和使用的产品,就是所谓的"最终产品"。在体育产业中,体育产品就属于服务业提供的产品,因而就具有最终产品的特性。体育产品"最终产品"的特性主要表现为中间投入率小和中间需求率小。中间投入率是指各产业的中间投入与总投入之比,其能够将各产业为生产单位产值而需要从其他产业购进中间产品所占的比重反映出来。中间需求率是指各产业的中间需求与总需求之比,能够将在各产业的产出中有多少是作为中间产品为其他产业所需求反映出来。体育产品这一种特殊的产品形态,其价值主要由活劳动消耗构成的。而原材料消耗的比重较小,因而中间投入率小。除体育无形资产一般是作为其他产业的投入品被购买的,它的消费者主要是企业而不是个人,不具备最终产品消费的特征。大多数体育产品被作为其他产业投入品的比例很小,所以体育产品又具有中间需求小的特点。因而体育产品具有最终产品的特性,能够使人们的基本需求得到较好的满足。

三、体育市场解析

(一)体育市场的概念

整个社会市场体系中执行其特殊职能的一个子系统,就是所谓的体育市场,其概念具有广义和狭义之分,具体如下。

从广义上来说,所谓的体育市场,就是指全社会体育产品交换活动的总和。这不仅包括体育劳务和服务产品的交换活动,也包括和体育有关的产品,如运动服装、运动饮料、运动器材等的交换活动,同时还包括一些体育要素,如体育资金、体育人才等的交换活动。

从狭义上来说,体育市场则是指直接买卖体育服务产品、参与或观赏体育活动的场所。比较具有代表性的有:对外开放的体育场馆、游泳池、健美健身中心、各种收费的体育培训班等。

(二)体育市场的要素

体育市场的基本要素主要有三个方面,即体育消费者、体育消费欲望和体育消费水平。

1.体育消费者

购买体育消费品的人,就是所谓的体育消费者。其中,较为具有代表性的有:观看体育比赛和表演;购买运动器材和运动服装；参加健身活动消费的人都属于体育消费者。

2. 体育消费欲望

对体育消费品存在一定的消费欲望和消费需求，就是所谓的体育消费欲望。一般来说，经济发达和体育意识较高的国家和地区，其体育消费的欲望比较强烈。

3. 体育消费水平

按人口平均的体育消费资料的消费数量，就是所谓的体育消费水平。一般而言，体育消费水平的高低能够反映一个国家或地区的经济发展水平。

总之，体育市场的这三个要素之间是相辅相成、相互依赖、相互制约的关系，三者缺一不可。

（三）体育市场的特点

体育市场具有较为显著的特点，具体来说，主要从体育实物消费品市场、体育服务消费品市场以及体育要素市场三个方面得到体现。

1. 体育实物消费品市场的特点

以实物形态向体育消费者提供体育实物消费品的市场，就是所谓的体育实物消费品市场。一般而言，体育实物消费品市场的特点主要有以下几个方面。

（1）市场需求要求有所差别。体育实物消费资料有专业和业余之分，专业的体育实物消费需求要求较高，业余的要求则相对较低。因此，生产厂家要以不同的市场需求为主要依据来开发不同的体育实物消费品，从而使不同的市场需求都得到较好的满足。

（2）市场需求具有周期性的特点。某一运动可能会在一定时期内风靡某一地区，这时该地区的这一运动项目器材的需求量相应增加，但当流行期过后，对该运动项目器材的市场需求会相应减少。因此,体育实物消费品的经营管理者要善于掌握并抓住市场需求信息,从而能够使自己的产品做到适销对路。

（3）消费者人数较多。人们参加体育活动,进行体育锻炼都需要一些运动装备,如运动服装、运动器材等,而这些运动装备都属于体育实物消费资料,因此体育消费者越多,对体育实物消费品的市场需求也就越大。

2.体育服务消费品市场的特点

不提供实物产品,而以活劳动形式向体育消费者提供体育消费品的市场,就是所谓的体育服务消费品市场。具体来说,体育服务消费品市场的特点主要表现在以下几个方面。

（1）市场需求具有一定的波动性。由于受到外界因素和主观因素的影响,世界各国各地区的体育服务产品的市场需求存在着较大的波动性。这种波动性和一个国家或地区民族的兴趣爱好及社会文化有一定的联系。体育产业经营管理者只有理解和掌握了这一特点,才能达到事半功倍的效果。

（2）市场需求具有一定的不平衡性。体育服务产品的社会需求,在很大程度上受到社会生产力发展水平及经济发展状况的影响。一般来说,经济较发达的国家或地区,人们对体育服务产品的市场需求较大,经济比较落后的地区,对体育服务产品的市场需求相对较弱。因此,体育产业经营管理者,要以这一不平衡性为主要依据来有针对性地开展体育经营管理活动。

（3）时间和空间具有一定的一致性。体育服务产品在时间上和空间上是统一的,究其原因,主要是由于体育工作者生产体育服务产品的这一劳动过程,又是体育消费者对体育服务产品的消费过程,买卖双方、生产者和消费者的行为被融合在一个过程之中。所以,体育产业经营管理者,要对两个方面进行充分的考虑:一方面,是体育消费者体育消费需求的数量和质量;另一方面,是体育消费者在交通和时间上的方便。

（4）时间和季节存在着一定的差异性。由于体育消费者参加体育活动,观赏体育比赛均在余暇时间里进行,因此体育劳务或服务产品的市场需求在时间上的差异性较大。一般来说,晚上大于白天,节假日大于平时。再则,由于某些体育劳务或服务产品的消费需求和季节变化、天气变化有着一定的联系。如夏天对游泳池、水上乐园等消暑型的体育劳务或服务产品需求较大,冬天则几乎没有。天气晴好,气候宜人,对体育劳务或服务产品的社会需求会相应增加;刮风下雨,风云突变,会造成原有的体育消费需求因气候原因而被迫取消。如观看球赛,原来打算到现场观看的,届时正好下雨,也许就不去现场改为观看电视转播。因此,这就要求体育经营管理者要对这一差异性有一定的了解和认识,从而取得较好的体育经营效益。

3. 体育要素市场的特点

以体育资金、体育人才、体育技术等体育事业发展的各种要素形态存在的特殊消费品市场,就是所谓的体育要素市场。体育要素市场主要包括体育资金市场、体育人才市场、体育技术市场等几个方面,每个方面都有其各自的特点,由此也将体育要素市场的特点充分体现了出来。

(1)体育资金市场主要由体育广告、体育彩票、体育股票、体育债券、电视转播权的出让及体育无形资产的开发等部门的经营活动所组成。其特点主要表现为:利用当代体育运动的巨大魅力、感召力和吸引力,以体育的经济功能和社会功能为依托,来激发社会上企业财团以及消费者对体育进行投资。

(2)体育人才市场主要是指运动员和教练员的有偿流动市场,一般实行明码标价。体育人才市场的供需双方通常不直接见面,而由体育人才市场的经纪人或经纪人组织从中牵线搭桥。

(3)体育技术商品的交换市场,就是所谓的体育技术市场。当前,已初步形成的体育技术市场的基本内容有:承担科研项目、进行科研咨询、出售科研成果、转让科研专利、开展技术咨询、技术服务、技术培训、技术入股和体育科技用品的研制与开发等。

体育技术产品本身的特殊性决定了体育技术产品市场也有不同于一般体育商品市场的特点,具体来说,主要表现在以下几个方面:第一,体育技术市场通常是卖方垄断市场,往往供给者只有一个,而需求者则较多;第二,在体育技术市场上成交的体育技术产品,往往都是一次性的;第三,体育技术产品的价格大都是通过供需双方的协商确定。

四、体育资本经营解析

(一)体育资本经营的概念

在体育经济、社会活动中,以体育资本增值为目的的经济活动,就是所谓的体育资本经营,具体来说,主要是指体育货币资本、体育人力资本的经营。从某种意义上来说,体育资本经营作为一个经济学属性的概念,是资本运营的理念模式在体育领域中的推广和运用。

(二)体育资本经营的特点

相较于体育生产经营来说,体育资本经营是以体育资本直接运作方式实现体育资本的增值的,而往往不会通过体育商品这一中介,或者以体育资本的直接运作为先导,通过体育物化资本的优化组合,从而使其运行效率和获利能力得到有效的提高。体育货币资本、体育人力资本等要素资本化的基础上,在体育产权层次上间接支配体育资本各要素,就是所谓的体育资本的直接运作。从实质上来说,体育资本经营就是以证券化了的体育资本,可以按证券化操作的体育物化资本为基础,通过优化配置来使其生产率得到有效提升,从而使体育资本市场价值得到有效提高的经营活动。

鉴于此,体育资本经营具有较为显著的特点,具体来说,主要表现在以下几个方面。

1. 体育资本经营的目的

体育资本经营的主要目的在于较高的体育资本收益。为此,体育资本经营要求将有关的体育财产资本化。体育资本经营不仅表现为体育货币资本、体育虚拟资本彩票、产权凭证三种形式,同时也将其自身特点的体育的人力资本经营表现了出来。

2. 体育资本经营的对象

体育资本经营的对象是证券化了的体育物化资本,而不是体育产品、器械、场地等体育物化资本。如股票,是可以按证券化了的体育资本操作的体育物化资本;如股权,可以转化为股票、股权的有形资产和无形资产。通常来说,体育资本经营与体育资产的具体使用相关的生产销售等经营活动没有太大的关系。体育资本的收益、市场价值以及相当的财产权利,是体育资本较为注重的方面。

3. 体育资本经营的核心

体育资本经营的核心在于运行效率问题,具体来说,就是如何通过优化配置提高体育资产的运行效率、体育货币资本与体育人力资本的运行效率,从而对体育资本的不断增值起到积极的推动作用。在运作方式上,主要有两种形式:一种是表现为以产权市场为依托,实现体育产权交易,卖出收益较低的资产,买进预期收益率较高的资产,使体育资本结构不断优化,确保体育资本的保值、增值的转让权的运作;一种是表现为以获取较高的收益为目的,长期持有某一体育企业,如俱乐部的全部股份或部分股份,并能参与有关的战略决策的收益权和控制权的运作。

(三) 体育资本经营的内容

相较于一般意义上的资本,体育资本有着较大的差别,具体来说,其所包含的内容主要有两个方面:一方面,是资本市场上的各种货币资本;另一方面,是各种体育市场的虚拟资本、技术和人力资本。从广义上来说,体育资本运营将资本运营仅仅存在于企业的局限打破,以体育赛事为代表的项目运作等各方面也将其充分体现了出来。

近年来,资本风险投资和项目管理的理念被一些体育赛事的承办及经营者运用到体育赛事的运作管理中,通过利益共享、风险分担的方式,将赛事的各项收益进行分割,将银行、保险、风险投资公司、彩票发行商等资本运作主体引入赛事的运作经营中,这就使体育赛事融资渠道得到进一步的拓宽,将体育赛事的经营转化成为集合各种性质资本的投融资项目形式,这就使体育资本经营的效率得到了非常大的提高,盘活了游资。使得体育资本经营展现出前所未有的活力,其高风险高回报的投入产出模式,吸引了大量的资本注入,成为拉动产业经济发展的一大动力。

(四)体育资本经营的作用

中国体育需要进行资本经营,其不仅与体育发展的方向有着非常密切的关系,同时,也是体育发展的一个重要动力。从体育资本经营的内涵及其变化发展的过程看,其在很多方面都有着较为重要的作用和意义,具体来说,主要从以下三个方面得到体现。

1. 能够使中国体育企业的发展速度进一步加快

经过不断的发展,我国的体育竞技已经取得了理想的成绩,规模也越来越大。但是,不可忽视的是,我国体育企业也存在着一些问题,比如,有的体育俱乐部营利水平下降,亏损严重,有的与体育联姻的企业在低效、无效甚至负效运营,大量的存量资产难以流动重组,经营机制不活,资本运营率不高,有的濒于破产。从实际意义上来说,这种俱乐部,有关的企业问题是在计划经济体制下积累起来的,有的是在改革过程中形成的。从总体上说,导致这些问题的原因主要是缺乏资本和资本经营观念,不懂得体育货币、体育人力可以转化为资本,鉴于此,可以开展体育资本经营。体育资本经营活动能够对体育货币、体育人力向资本转化起到积极的促进作用。

2. 有助于体育企业改革经济增长方式的进一步优化

包括体育资本在内的体育生产要素的组合和利用方式,就是所谓的体育经济增长方式。长期以来,在体育领域是实行计划经济体制下的粗放型的增长方式,表现为在体育领域中依靠大量增加体育生产要素以求体育经济增长,形成了一定的结构性矛盾,具体表现为:资产存量大,体育企业规模小,素质不高,小而全,重复分散等。对于此,体育资本经营通过促进资产的流动重组来使体育经济增长方式得到改进和优化。由此,可以将体育资本经营的作用大致归纳为两个方面:一方面,是体育产权证券化的作用,具体来说,就是体育资本经营要求在证券化了的资本,或按证券化操作的资本基础上进行,这就使体育企业的资产在体育资本市场和体育产权市场流动,从而也为体育资产的重组奠定了较好的基础;另一方面,是体育资本经营机制的作用,具体来说,体育资本经营的一个核心指标,是体育资本的利税率和体育资本的回报率。为此,体育企业经营者必然会自觉地按体育资本经营的规律操作,这样,在体育资本经营机制作用下,长期的粗放经营将会被杜绝掉,大量资产闲置,长期在低效、无效、负效状态中运行。

3. 能够对现代企业管理制度的建设起到积极的促进作用

体育资本经营对于体育领域或体育相关领域的体育现代企业制度的建立和发展会产生有利的影响,通过现代企业制度的建立,来为体育资本经营的实施奠定良好的基础。换句话说,建立体育领域的现代企业制度就是要建立适应市场经济要求、产权清晰、权责明确、政企分开、管理科学的现代企业制度,确定体育企业的法人财产权,明确体育投资主体和建立规范化的体育企业法人治理结构及其约束机制,使体育企业如俱乐部成为真正的体育市场竞争主体,使体育企业以体育资本为核心经营,并将体育资本的保值、增值以及体育资本效率和体育资本收益最大化,是体育企业经营的根本目标所在。[①] 体育资本经营对完善体育领域的现代企业制度具有积极作用,其对于体育企业的法人财产权的确立,体育企业的投资主体的明确,以及整个社会的资本市场都会产生积极的促进作用,因此可以说,其对资本市场包括体育资本市场的发育也会产生非常积极的影响。

第二节　体育产业的内容与分类

一、体育产业的内容

体育产业是一项朝阳产业,可以满足人们的多样化体育需求,带给人们健康和快乐。关于其内容的归纳,主要包括体育用品制造业、体育用品销售业、体育场地设施建设业、体育服务业等。根据其自身的内容特点,可以将其内容归纳为以下几种。

（一）体育本体产业

体育本体产业是体育产业的主体部分,对体育产业的发展起着非常重要的作用。体育本体产业主要指的是体育竞赛表演业、体育健身休闲业这两大主体产业。这两大主体产业是带动其他体育产业发展的原动力,在我国,虽然竞赛表演业和健身休闲业都处于刚刚初步发展的阶段,但是发展的势头非常猛,在未来将会成为我国体育产业的重要主体部分。

（二）体育相关产业

体育相关产业指的是为体育本体产业的发展提供支撑和服务的相关产业。主要包括,体育用品制造业、体育场地设施建设业、体育教育培训业、体育场馆服务业、体育信息服务业等,这些

---

① 杨铁黎.体育产业概论 [M].北京：高等教育出版社，2010.

相关产业为体育产业的发展提供基础和保障,是体育产业的重要组成部分。

（三）体育延伸产业

体育延伸产业指的是通过体育与其他行业的融合发展,形成的产业集群。目前,我国的体育延伸产业主要包括,体育旅游业、体育中介服务业、体育会展业、体育保险业、体育科技业等。体育延伸产业为体育产业的发展提供了发展的助力,是体育产业发展的重要组成部分,也是体育产业融合性特点的重要体现。

二、体育产业的分类

2015 年,为了适应我国体育产业的发展速度,国家统计局联合国家体育总局对我国体育产业进行了重新分类,为体育产业的科学化发展提供了良好的参考依据,为完善我国体育产业的发展提供了一定的指导。具体来说,我国的体育产业可以进行以下分类。

（一）体育管理活动

这里的体育管理活动主要指的是国家对公共体育事务的管理,以及体育社会组织的管理活动,此外还包括体育战略规划、竞技体育、全民健身、体育产业、反兴奋剂、体育器材装备及其他未列明的保障性体育管理和服务等,这些管理活动在体育产业的发展中起着非常重要的规划和指引作用。

（二）体育竞赛表演业

体育竞赛表演业是体育产业的主要组成部分,在体育产业的发展中起着龙头老大的作用。体育竞赛表演业主要包括:职业体育赛事的表演活动,商业性体育赛事的表演活动,以及一些业余体育赛事的竞赛表演活动等。

在体育竞赛表演业中,职业体育赛事是最重要的部分,职业体育赛事往往可以产生出很高的经济效益,例如英超的版权在国内可以卖到几十亿英镑,NBA的版权在美国卖出了9年240亿美元的价格,我国的网络巨头腾讯也于2015年以5年5亿美元的总价买断了NBA在中国大陆的网络直播权,可以看出体育赛事产生的经济效益是非常高的。我国的职业体育赛事这几年发展迅速,包括中超、CBA在内的职业体育赛事正在蓬勃地发展,也越来越职业化,特别是中超,这几年来,引进很多高水平的外援,提高了比赛的观赏性,吸引了更多的球迷到现场来观战,极大地提高了中超的影响力,促进了我国体育产业的快速发展。

此外,这几年里,我国的商业性体育赛事和群众性体育赛事也蓬勃发展,特别是马拉松、自行车等群众性体育赛事更是发展迅速,据中国田协的数据,在中国田协注册的马拉松赛事已经由2011年的22场,急速增长到328场,而各种路跑赛事也增加到了600多场。2017年7月,国家发展改革委会同国家体育总局、公安部等九部门联合下发了《支持社会力量举办马拉松、自行车等大型群众体育赛事的行动方案》,为进一步发展群众性体育赛事作出了相关的政策引导,将会进一步推进我国群众性体育赛事的快速发展。

（三）体育健身休闲业

体育健身休闲业是体育产业中一个重要的组成部分,是以体育为手段,以人们参与体验为主要形式,促进人们身心健康发展的经济活动。体育健身休闲业是体育产业发展的有力引擎,是需要人们亲身参与的一项活动,完全契合近年来人们主动向参与性、体验性消费转变的方向。

体育健身休闲活动,主要包括人们日常的健身活动、户外活动、民族传统体育运动以及一些特色运动等,主要是为了满足人们日益增长的体育健身需求,间接促进我国体育产业的发展。

（四）体育教育培训业

体育教育培训业，是体育产业中的基础部分，为扩大体育人口、促进体育产业发展奠定基础。体育教育培训业主要是针对青少年群体开展的体育技能和体育兴趣的培训，如篮球培训、足球培训、羽毛球培训、击剑培训、网球培训、武术培训、冰球培训等。

随着我国素质教育的不断推行，人们对体育教育理念的不断认同，体育教育培训行业不断蓬勃发展，各类体育培训如雨后春笋般崛起，也出现了一些规模较大的公司，体育培训业已经成为现阶段我国体育产业最具活力和投资价值的一个行业。相信，在未来的发展中，体育教育培训行业会发展得越来越好。

（五）体育中介服务业

体育中介服务业指的是通过提供体育赛事组织和策划、体育广告、体育票务、体育赞助、体育招商等服务的经济业态，在体育产业的发展中起着桥梁的作用。

随着 2014 年国务院《关于加快发展体育产业促进体育消费的若干意见》文件的出台，我国体育产业迎来了快速发展的阶段，这几年，诞生了很多的体育中介公司，包括体育产业咨询服务公司、体育赛事策划公司、体育赞助公司、体票务代理公司、体育营销公司等，极大地活跃了我国体育产业的市场，促进了我国体育产业的发展。

（六）体育场馆服务业

体育场馆服务，指的是通过提供给人们可以进行健身和体育活动的场地，并收取相关费用的服务。

近几年来，随着人们健康意识的增强，越来越多的人开始注重健身，开始有规律地参加体育锻炼，去哪儿健身成了人们普遍关注的问题，在城市里，越来越多的人通过付费的方式参加体育锻炼,包括预订篮球场馆、足球场地、羽毛球场地等,这些都拉动了体育场馆的经营和服务,促进了体育产业的发展。

（七）体育传媒及信息服务业

体育传媒及信息服务业是指通过网络、电视、广播、报纸、书刊等手段进行的体育信息服务。体育传媒及信息服务业对体育产业的发展起着非常重要的作用,可以这样说,正因为有了体育传媒等信息产业的发展,才为体育产业的发展插上了腾飞的翅膀。因为电视、网络等传播手段,为体育赛事等活动提供了传播的方式,让职业体育赛事成为了产品,形成了赛事版权,并通过书刊、电视、网络等方式,极大地促进了体育的传播力和影响力。

现代社会已经进入到了信息社会,体育产业的发展更离不开信息的服务,体育信息为关注体育赛事、体育明星、体育热点的人们提供了可供讨论的话题。任何一项体育赛事和活动,都离不开体育信息的服务。总之,体育传媒及信息服务业是体育产业中不可或缺的一部分。

（八）体育用品及相关产品制造业

体育用品及相关产品制造业,是体育产业的基础部分,也是目前我国体育产业的主体部分,在我国体育产业结构中占据最大份额的部分。据国家统计局和国家体育总局联合发布的 2016 年体育产业数据显示,体育用品及相关产品制造业占据了体育产业增加值的 50%。因此,可以说,我国的体育用品及相关制造业是我国体育产业的最重要支撑,这在未来一段时间内,将继续保持下去。

我国的体育用品及相关产品制造业这些年来也快速发展,在服装、鞋等领域,出现了安踏、李宁、匹克等民族品牌企业,这些企业在中国市场和世界市场上都占据了一定的份额,取得了快速的发展。在体育装备、健身器械、运动器材等方面,出现了金陵体育、澳瑞特集团、泰山体育集团等大型体育公司,这些公司的部分产品得到世界单项体育协会的认证,并为一些世界性赛事提供器材服务,极大地提高了我国体育器材的美誉度,扩大了我国体育器材的影响力。

总之,现阶段,体育用品及相关产品制造业仍是我国体育产业的主体部分,为我国体育产业的发展提供最基本的物质保障。

（九）体育用品及相关产品销售、贸易代理与出租业

体育用品及相关产品销售、贸易代理与出租业主要是指体育用品的销售、体育相关产品的销售、体育设备的出租、体育用品及其他产品的贸易代理等活动。目前,在我国的体育产业中,该类活动的产业增加值也占据了体育产业增加值的第二大部分。特别是在一些大城市,越来越多的人开始参加体育健身活动,购买相关体育装备成为他们的必然选择。近年来,我国在体育科研方面也需要引进相关设备和仪器,这就诞生了相关的体育贸易和经纪公司。随着人们生活水平的不断提高,会有越来越多的人参加体育活动,将会进一步拉动相关行业的发展,从而进一步促进我国体育产业的发展。

（十）体育场地设施建设业

体育场地设施建设业是体育产业中的一个部分,主要包括室内体育场地设施的建设和室外体育场地设施的建设。目前,我国的体育健身需求旺盛,现有的体育健身场地已经不能满足人们的需求,急需相关部门出台相关措施,建设相关的体育场地设施,为满足人们群众日益增长的体育需求而服务。

体育场地设施建设主要包括体育场馆的建设、运动项目场地的建设、体育健身工程的建设等,这些工程施工活动,共同组成了体育场地设施建设业态。

（十一）其他体育相关活动

其他体育相关活动,主要包括体育旅游活动、体育会展活动、体育健康服务、体育科技和体育知识产权服务、体育金融和体育资产管理等活动,这些活动是体育产业的融合部分,也是最具发展活力的部分,这些活动的进一步发展,将进一步促进我国体育产业的发展,为我国的经济增长做出贡献。

第三节　体育产业的基本属性及特征

一、体育产业的属性

体育产业作为一项朝阳产业,那么体育产业的属性应该怎么界定是非常值得研究的问题。

体育产业的属性,可以从以下几个方面来界定。

(一)经济属性

体育产业作为拉动经济增长的一个产业,其属性首先包括的是经济属性,体育产业企业可以提供给消费者一定的产品和服务,体育赛事组织者,通过提供高质量的体育赛事,吸引球迷购买球票来现场进行观战。此外,通过各种竞赛表演活动,休闲健身活动,可以形成一定的体育市场,这些都体现了体育产业的经济属性。

(二)交叉融合属性

体育产业作为一项可持续发展的产业,其包含着丰富的内容,既包括体育用品和体育场地设施制造等第二产业,也包括体育竞赛表演,休闲健身服务等第三产业。体育产业还可以与其他很多产业相融合,形成体育旅游产业、体育健康产业等,总之,其拥有很强的交叉融合属性。

（三）绿色健康属性

体育产业作为一项朝阳产业,其具备绿色健康的属性,这是因为,体育产业是人们为了追求健康而采取的一系列活动,人们通过参与体育运动来休闲健身,通过观赏体育比赛来达到精神享受,在体育产品的生产过程中,也不会产生任何污染,这些都使得体育产业成为了一项绿色健康的产业,是值得长期坚持发展的产业。

二、体育产业的特征

（一）世界体育产业的特征

1. 专业化和职业化程度高

纵观世界发达国家的体育产业,我们可以发现,其体育产业的专业化和职业化程度非常高,这是因为发达国家的经济基础好,体育产业起步较早,已经发展了将近 100 年的历史,此外,由于大部分西方国家对体育运动的重视程度较高,人们将体育健身作为自己日常生活中的一个重要组成部分,这也带动了体育产业的进一步发展。

2. 产业的产值高

体育产业是一项产值较高的产业,在美国,每年体育产业的增加值已经占到了当年 GDP 的 3% 左右,可见其产业规模的宏大。根据最新的数据,我国体育产业的增加值约占当年 GDP 的 0.8%,还有很大的上升空间。体育产业的产值是拉动经济增长的重要引擎,所以,体育产业具有产值高的特点。

3. 广泛的影响力

从世界范围来看,体育产业具有很广泛的影响力,如四年一届的足球世界杯在世界上具有广泛的影响力,在世界杯举办期间,全世界的球迷和观众都会关注赛事的盛况。在奥运会举办期间,也会吸引很多国家人民的关注。此外,一些职业联赛,也在世界上拥有广泛的影响力,如英超联赛、NBA 等,在世界上有着数以亿计的球迷群体,人们利用闲暇时间关注这些赛事,茶余饭后谈论关于这些赛事的消息和新闻。这些都证明了体育产业的广泛影响力。

4. 从业人数众多

体育产业可以明显带动就业,据有关数据显示,2007 年到 2011 年,美国的体育产业的从业人数在 320 万左右。在我国,体育产业的从业人数虽然不多,但是已经呈现明显增长的趋势。体育产业在拉动就业方面作出了积极的贡献。随着我国体育产业的进一步发展,肯定会继续拉动就业人数的提高。

(二)我国体育产业的特征

我国的体育产业起步较晚,其具有一些自己的特征。

1. 体育产业结构不合理

目前,我国体育产业发展处于起步阶段,其结构不太合理,主要以体育用品制造业为主,体育服务业所占的比例非常少,需要进一步地深化改革和发展。

2. 发展潜力巨大

虽然我国体育产业结构不甚合理,但是其发展潜力巨大,近年来,人们的体育消费热情正在不断高涨,我国正在推行"健康中国 2030"计划,为体育产业的发展带来了很大的机遇。

第四节 体育市场供给与需求理论

一、体育市场供给理论

在体育市场中,影响市场供给的因素主要有以下几种。

（一）所需要的生产成本

从市场规律来看，在产品自身价格不变的条件下，如果产品的生产成本上升，利润就会减少，产品的供给量也会减少；反之，则会增加利润，产品的供给量会有所增加。例如，F1赛车占地总面积需要53平方公里，一个赛车场总投资大概需要50亿元人民币。这样高昂的投入使得诸如赛车之类体育运动的供给量极少。而像篮球场，所需要的占地面积和费用成本就比较低，那么其供给量就比较多了。

（二）体育产品的价格

产品价格，不仅会影响生产量，也会影响消费者的需求量。一般来说，产品价格越高，生产者提供的产量就会越大，反之亦然。比如，在我国体育健身器材的发展初期，产品价格很高，加之技术含量也低，很多小型企业的产量很大。反之，当产品价格较低时，生产者认为无利可图，就会降低产量。

（三）相关政策的支持力度

体育产业的发展离不开政府的支持，政府如果能出台优惠的土地、税收政策，则会吸引更多的企业来从事体育产业，从而不断培育出相关体育市场，生产出符合消费者需求的体育产品。

二、体育市场需求理论

（一）体育产品的价格

价格是影响消费者购买商品的重要因素，在市场经济条件下，一种体育产品的价格越高，该产品的市场需求量就会越小，相反，价格越低，需求量就会越大。

（二）体育消费者的收入水平

体育消费是人们满足了日常的生存以后，对提高生活质量而进行的消费，因此，体育市场需求跟消费者的收入水平是息息相关的，有资料显示，当一个地区的人均收入超过 8 000 美元之后，体育产业才能在这个地区发展起来。因此，体育消费者的收入水平，影响着体育市场的需求。

（三）体育市场规模

体育经济学研究表明，体育市场规模越大，则体育市场需求量就会越大；体育市场规模越小，则体育市场需求量就会越小。市场规模与市场大小密切相关，市场大小指的是市场的边界，它既包括地理边界又包括产品范畴。从地理边界看，城市的健身市场要比城镇的健身市场大；从产品范畴看，足球项目的市场要比排球项目的市场大。总之，市场越大，市场需求量就越大，反之，市场越小，市场需求量就越小。

第五节　体育消费及消费者行为理论

一、体育消费理论

（一）体育消费的概念

随着人们生活水平的提高，体育消费逐渐成为人们消费的重要组成部分。体育消费就是人们根据自己的需要和条件，在寻求和购买各种体育产品（服务）的行为过程中对体育消费资料的使用和消耗。

体育消费是社会生产力发展到一定阶段的产物,是人们的物质生活在得到基本满足的条件下而产生的一种选择,是人们对体育功能新认识的一种新型消费类型,是人们在闲暇时间里自由选择的一种个人消费行为。随着现代社会的不断发展,以及闲暇时间的不断增多,人们的生活方式开始发生逐步的转变,开始由健身化向休闲化转变,这就在一定程度上对人们的体育消费水平的不断提高起到积极的促进作用。

（二）体育消费的类型

一般来说,可以将体育消费大致分为以下几种类型。

1. 观赏型体育消费

观赏型体育消费是指人们用货币购买各种入场券及门票,以观看体育比赛来达到愉悦身心目的的各种消费行为。较为具有代表性的有:观看足球世界杯、中超比赛、田径世锦赛等。

2. 实物型体育消费

实物型体育消费是指人们用货币购买各种与体育活动有关的体育物质消费资料的行为。较为具有代表性的有:购买运动服装、运动护具、运动器材、运动纪念品、体育彩票等都属于实物型体育消费。

3. 参与型体育消费

参与型体育消费是指人们用货币购买的方式参加体育活动,享受相应服务的消费行为。这种消费类型是体育消费的核心内容,最能代表体育消费的特点。

在现实生活中,不同类型的体育消费并没有明显的界限,各种体育消费类型互相交叉在一起,在人们的体育消费中,既有参与型消费、实物型消费,又有观赏型消费,人们通过这一消费活动在使自己的精神文化生活得到较大丰富的同时,也在一定程度上推动了体育产业的发展。

（三）体育消费的结构

体育消费结构能够在一定程度上将人们体育消费的内容、消费水平以及消费质量反映出来，同时，也能够将人们对体育消费的满足状况反映出来。可以说，体育消费结构是人们在总体体育消费过程中所消费的各种不同类型的体育产品（包括体育劳务）的比例关系。

目前我国最基本的体育消费结构是人们购买体育用品、体育服装、体育赛事门票以及体育健身等之间的比例关系。总体来看，居民的体育实物消费比重要远远大于非实物体育消费。由于各地区的经济水平有所差别，这也就决定了东部、南部地区的体育消费水平要高于西部、北部地区的情况。

（四）体育消费的特征

通常情况下，体育消费的特征主要包括体育特征、经济学特征、文化特征等几个方面。

1. 体育特征

体育消费所具有的体育特征是指消费者以体育运动为中心，采取各种方式进行的体育消费，重点在于体育运动。人们参与体育消费，主要有主动体育消费和被动体育消费两种。主动体育消费是一种积极的社会体育行为，是体育运动发展和社会发展水平的一个重要标志。

2. 经济学特征

人们在参与体育消费的过程中，主要是通过货币交换的形式进行消费的。体育消费者只有支付一定的现金，才能获得相应的体育产品或服务，因此我们就可以从经济学角度去考察人们的体育消费行为，由此可以得出，体育消费具有经济学特征。

3. 文化特征

人们的体育消费行为与自身的文化素质之间有着密切的关

系,体育消费者的消费观念和方式反映了不同的文化传统,这也是体育消费者所选择的生活方式的重要组成部分。由此可见,体育消费也具有一定的文化特征。

二、体育消费者行为理论

(一)体育消费者的购买行为类型

现阶段,根据体育消费者的个性特点和购买动机划分,体育消费者的购买行为主要有四种类型,即经济型、习惯型、感情型和理智型(见表1-1)。

表1-1　体育消费者购买行为类型

类型	购买行为	特点
经济型	购买时只重视价格与实用性,不讲究产品的外形和包装,对产品质量无较高的要求,往往价重于质	价格是影响其购买行为的决定性因素
习惯型	只习惯于购买自己比较熟悉和了解的品牌、偏爱一种或数种品牌	在消费者心中有良好的产品形象往往能成为消费者偏爱或习惯购买的对象
感情型	出于感情动机而产生的购买行动	产品具有强烈的感染力;购买本产品可获得健康和安全;此产品是地位与权威的象征等都能引发消费者的购买欲望和购买行为
理智型	经过冷静思考,从体育产品长期使用的角度出发,经过一番深思熟虑之后做出的购买决定	理智型购买者在做出购买决定前通常会考虑到以下几个因素:本产品是否质价相当;是否超过自己的开支预算;产品可带来的最大效用性等

(二)体育消费者购买行为的影响因素

1.自身因素

(1)经济状况会强烈地影响到每个消费者的消费水平和消

续表

费范围,并决定着个人的购买能力和消费模式。经济状况好,消费者就有足够的实力从事体育消费,反之则不同。

（2）个性爱好与体育消费者的购买行为息息相关,个性是指一个人特有的心理素质和素养,通常可用自信、自主、顺从、保守等性格特征去描述。爱好则指体育消费者在从事体育消费活动中,对某些体育商品产生的一种偏爱。这两个因素都会影响消费者的购买行为。

（3）不同职业的体育消费者对于体育商品的爱好与需求不同。如白领阶层、脑力劳动者等对保龄球、高尔夫球等体育消费项目比较感兴趣,他们的体育行为不仅仅是满足体育需求,还要满足交际的需求;而体力劳动者则比较钟情于各类运动竞赛、体育表演等及服务产品。

（4）体育消费者的购买行为同其文化水平相关,一般来说,文化程度较高的体育消费者,往往会选择高雅朴实、精神消费性较强的体育商品或消费方式;而文化程度较低的体育消费者,则较多地选择实用性较强的体育商品或消费方式。

2. 外部因素

体育企业是体育市场营销的主体,其行为会受到体育消费者的关注,进而影响体育消费者的购买行为,主要因素有以下几个。

（1）具有良好形象的体育企业,其产品更容易得到体育消费者的信赖和偏爱;反之,消费者则会对其产品产生抵触情绪,使经营单位失去体育市场。

（2）体育产品质量是体育企业形象的具体体现,其质量的好坏直接影响到体育产品的销路。一般来说,提高产品质量,应着手以下两个方面,第一,搞好体育产品定位;第二,产品符合消费者的口味（需求、喜好等）。

（3）体育企业的产品服务包括:售前服务、售中服务和售后服务三个部分。销售服务工作的好坏不仅关系到体育企业的地位和形象,还在很大程度上决定着体育消费者是否重复购买,培养消费者的品牌忠诚度,决定着目标市场的存在。

第二章　新时代背景下我国"一带一路"倡议解读

2013 年 9 月 7 日,国家主席习近平提出"一带一路"倡议。该倡议提出之后,各个部门、行业等都开始深入学习,并且逐渐贯彻实施,将各个行业的发展与"一带一路"倡议有机结合起来。当前,为了更好地促进体育产业的发展,需要对"一带一路"倡议进行进一步分析和学习。本章主要对"一带一路"倡议的概念、内涵、原则等基本理论,以及该倡议的理论渊源、提出背景进行细致探索,由此能够对该倡议有深层次上的解读,也为体育产业的进一步发展提供战略上的支持与帮助。

第一节　"一带一路"的概念、内涵与原则

一、"一带一路"的概念

（一）"一带一路"的概念界定

"一带一路"（英文：The Belt and Road,缩写 B&R）是指"丝绸之路经济带"和"21 世纪海上丝绸之路"。"一带一路"是党中央、国务院根据全球形势深刻变化,统筹国内国际两个大局作出的重大战略决策,对开创中国全方位开放新格局、促进地区及世界和平发展具有重大意义。

具体来说,"一带一路"将充分依靠中国与有关国家既有的

双多边机制,借助既有的、行之有效的区域合作平台,旨在借用古代丝绸之路的历史符号,高举和平发展的旗帜,积极发展与沿线国家的经济合作伙伴关系,共同打造政治互信、经济融合、文化包容的利益共同体、命运共同体和责任共同体。

（二）"一带"的概念

丝绸之路经济带,是在古丝绸之路概念基础上形成的一个新的经济发展区域。其所包含的地方主要有：西北五省区陕西、甘肃、青海、宁夏、新疆；西南四省区市重庆、四川、云南、广西。

新丝绸之路经济带被认为是"世界上最长、最具有发展潜力的经济大走廊",究其原因,主要是由于其东边牵着亚太经济圈,西边系着发达的欧洲经济圈。

丝绸之路经济带的发展具有一定的优势,主要表现为：地域辽阔,有丰富的自然资源、矿产资源、能源资源、土地资源和宝贵的旅游资源,被称为21世纪的战略能源和资源基地,但是,其也存在着一定的不足之处,对其发展产生一定的制约作用,最主要的表现为：交通不够便利,自然环境较差,经济发展水平与两端的经济圈存在巨大落差,整个区域存在"两边高,中间低"的现象。

（三）"一路"的概念

自秦汉时期开通以来,海上丝绸之路就一直是沟通东西方经济文化交流的重要桥梁,而东南亚地区自古就是海上丝绸之路的重要枢纽和组成部分。中国着眼于与东盟建立战略伙伴十周年这一新的历史起点,为进一步深化中国与东盟的合作,提出"21世纪海上丝绸之路"的构想。

国家发展改革委、外交部、商务部联合发布的《推动共建丝绸之路经济带和21世纪海上丝绸之路的愿景与行动》中提出：利用长三角、珠三角、海峡西岸、环渤海等经济区开放程度高、经济实力强、辐射带动作用大的优势,加快推进中国(上海)自由贸易试验区建设,支持福建建设21世纪海上丝绸之路核心区。

通过将深圳前海、广州南沙、珠海横琴、福建平潭等开放合作区作用充分发挥出来,使与港澳台的合作进一步深化,进而能够将粤港澳大湾区打造出来。

推进浙江海洋经济发展示范区、福建海峡蓝色经济试验区和舟山群岛新区建设,使海南国际旅游岛开发开放力度进一步加大。加强沿海城市港口建设,强化上海、广州等国际枢纽机场功能。以扩大开放倒逼深层次改革,创新开放型经济体制机制,加大科技创新力度,形成参与和引领国际合作竞争新优势,成为"一带一路"特别是21世纪海上丝绸之路建设的排头兵和主力军。将海外侨胞以及香港、澳门特别行政区独特优势作用充分发挥出来,积极参与和助力"一带一路"建设。

二、"一带一路"的内涵

从"一带一路"的概念中,能够对"一带一路"有一个初步的了解,为了更加深入地认识和理解"一带一路",需要对其内涵进行深入细致的剖析,具体如下。

(一)开放

开放,不仅是古丝绸之路的基本精神,同时也是新时期"一带一路"的核心理念。"一带一路"倡议的提出,是一种战略需要,具体来说,不仅能够将内陆开放潜力适当挖掘出来,还能将高水平开放型经济体制构建起来,使全方位开放新格局得以形成。"一带一路"建设应对世界上所有国家或经济体、国际组织、区域合作机制和民间机构开放,搞封闭的小圈子、有排他性都是不被允许的。需要特别强调的是,要求各参与方努力提高投资与贸易便利化水平,在相互开放中培育可持续增长的市场。

（二）包容

包容，是将"一带一路"倡议与其他合作组织或机制区别开来的典型特征。具体分析，主要表现在两个方面：一方面，其能够将"一带一路"参与方的多元化充分体现出来，具体来说，就是指不针对第三方，不搞封闭性集团，凡是愿意参与的国家或地区皆可成为参与者、建设者和受益者；另一方面，则将合作方式的多样化特点充分体现了出来，"一带一路"的参与规则并没有得到完全的统一，各方围绕扩大经贸合作、促进共同发展的需要，可采取的合作方式可以是双边的也可以是多边的，可以是本区域的也可以是跨区域的，可以是金融的也可以是贸易的等，具有显著的多样化、多领域、多层次特点。在具体项目建设中，"一带一路"可广泛吸纳沿线各国当地企业、西方国家企业以及相关国际机构合作开发，构建多方利益共同体。"一带一路"的包容性对其具有兼容并蓄的优势起到重要的决定性影响，不仅不会挑战现有区域合作机制，反而能与现有各类机制实现良好对接。

（三）互利

能够对"一带一路"建设起到积极的推动作用的根本动力，就是互利。在全球化时代，不管是什么样的区域合作构想，只有真正实现互利共赢才能具有持久活力和广阔前景，互利性是一切合作得以实现和延续的动力。因此，推进"一带一路"建设，要求包括中国在内的各参与方不搞零和博弈，不搞利益攫取、殖民扩张，更不能打着开放和自由贸易的幌子，搞以邻为壑的重商主义、产品倾销。要立足于各参与方优势互补，实现利益共享、共同发展。

（四）共赢

能够有效保障"一带一路"可持续发展的基础，就是所谓的共赢。纵观历史，古丝绸之路虽由汉朝政府打通并拓展，却以民间商旅互通有无为主,并不是由某一国政府主导。由此可以得知,古丝绸之路精神本身蕴含共同营建、共同受益的内涵特征。新时期"一带一路"是对古丝绸之路精神的传承和发扬,其虽由中国倡议并积极推进,但实质上是惠及各参与方的共商、共营、共建、共享项目,不是援助计划,更不是中国版"马歇尔计划"。[①]各方共同商议、共同参与、共同营建、共同受益,使之成为利益共同体、责任共同体和命运共同体,对于政策沟通、设施联通、贸易畅通、资金融通与民心相通等互联互通的具体机制化安排,以及实现方式、合作内容、阶段目标等都是非常重要且必要的。

三、"一带一路"的原则

（一）恪守联合国宪章的宗旨和原则

遵守和平共处五项原则,即尊重各国主权和领土完整、互不侵犯、互不干涉内政、和平共处、平等互利。
　　　　　　　　　　——《愿景与行动》"二、共建原则"（第一段）

从古至今,"和平合作、开放包容、互学互鉴、互利共赢"的丝绸之路精神逐渐传承了下来,对人类文明进步起到积极的推进作用,象征着东西方的交流合作,同时,其也是世界各国共有的历史文化遗产。

在最近的一段时期,推进共建"一带一路",中国将继续秉承古丝绸之路精神,恪守联合国宪章的宗旨和原则,遵守和平共处五项原则,通过共商、共建、共享来使"一带一路"的愿景得以顺利实现,从而使命运共同体的愿望达成。"一带一路"建设不仅不会替代现有合作机制和倡议,而且还会对沿线国家实现发展战略相互对接与优势互补起到积极的推进作用。"一带一路"建设始终秉持开放包容、互利共赢的理念,不是中国一家独奏,而是沿线国家的大合唱。

---

① 中国现代国际关系研究院."一带一路"读本[M].北京:时事出版社,2016.

（二）坚持开放合作

"一带一路"相关的国家基于但不限于古代丝绸之路的范围，各国和国际、地区组织均可参与，让共建成果惠及更广泛的区域。

——《愿景与行动》"二、共建原则"（第二段）

"一带一路"这一重要的国际合作倡议是在后金融危机时代，作为世界经济增长重要推动力量的中国，将自身的产能优势、技术与资金优势、发展经验转化为市场与合作优势的结果，是中国对全方位开放进行积极推动的结果。"一带一路"以古代陆上丝绸之路和海上丝绸之路沿线国家为主，经过不断的拓展，已经逐渐延伸到其他发展中国家和新兴国家，也有发达国家。"一带一路"是开放包容的经济合作倡议，其对国别范围是没有限制的，而且由于其不是一个实体，因此，不存在封闭机制这一说，有意愿的国家和经济体均可参与进来，成为"一带一路"的支持者、建设者和受益者。

当前，贸易自由化、投资便利化、信息数据化，不管对于哪一个地方来说，其都存在着一定的优势，同时也存在着一定的不足，中外各地区都有机会享受"一带一路"红利，只要把握机会，扬长避短，都可以搭乘便车，顺势而为。

（三）坚持和谐包容

倡导文明宽容，尊重各国发展道路和模式的选择，加强不同文明之间的对话，求同存异、兼容并蓄、和平共处、共生共荣。

——《愿景与行动》"二、共建原则"（第三段）

随着世界多极化、经济全球化、文化多样化、社会信息化的不断发展，当前，人类社会安危与共、荣损相依的命运共同体的发展趋势越来越显著。"一带一路"是顺应这一潮流的，其将制度模式偏见摈弃掉，超越意识形态藩篱，沿线国家中，国家的体制存在着不同，比如，有走社会主义道路的，也有搞资本主义制度的；国家的信仰不同,比如,有信奉佛教、基督教的也有以伊斯兰教立国的;价值观不同,比如,有认同西方价值观的也有秉承东方理念的。更好地沟通这些差异,是"一带一路"致力的重要目标,在平等的文化认同框架下谈合作,特别强调沿线国家发展战略、规划、标准、技术的对接,谋求不同种族、信仰、文化背景的国家共同发展与在促进求同存异基础上的相互协调,发掘聚同化异带来的互补潜力,为建设共同发展的世界作出应有的贡献。

(四)坚持市场运作

遵循市场规律和国际通行规则,充分发挥市场在资源配置中的决定性作用和各类企业的主体作用,同时发挥好政府的作用。
——《愿景与行动》"二、共建原则"(第四段)

作为一个沿线国家共同推进的系统工程,"一带一路"要求必须坚持市场化运作,遵循市场规律和国际通行规则,同时,还要对将市场在资源配置中的决定性作用和各类企业的主体作用充分发挥出来加以强调,这是首要的。同时,还要对"一带一路"沿线国家复杂的国情和具体特点加以考虑,还要将政府的作用充分发挥出来,如此,才能对各类资源向"一带一路"沿线国家和地区配置进行积极的引导。因此,加强"一带一路"建设工作的统筹协调,特别是起好步、开好局、发挥好政府作用非常关键。政府要引导以市场化方式来运作"一带一路"建设项目,使企业成为建设主体和支撑,注重引入民营资本参与,促进与沿线国家的企业合作。[①] 调动各方积极性,整合各种社会资源参与建设。政府部门、金融机构、中介组织要在信息传递、平台建设、资金支持、人力资源保障方面为企业提供更多的支持。同时,"一带一路"建设还要对采用现代商业模式,特别是电子商务、智能海关等模式进行充分的考虑。网上丝绸之路与地理丝绸之路有机结合起来,能够有效拉动中国的制造业,同时,也能为沿线各国人民带来福祉。

---

① 秦玉才,周谷平,罗卫东."一带一路"读本 [M].杭州:浙江大学出版社,2015.

为了能够将政府的作用充分发挥出来,国家成立了推进"一带一路"建设工作领导小组,领导小组将发展、改革、政策、外贸、金融、外事和国务院各部门的众多领域都涵盖于其中,这能够使政府的作用得到最大程度的发挥和利用。

（五）坚持互利共赢

兼顾各方利益和关切,寻求利益契合点和合作最大公约数,体现各方智慧和创意,各施所长,各尽所能,把各方优势和潜力充分发挥出来。

——《愿景与行动》"二、共建原则"（第五段）

共同发展是"一带一路"的根本属性所在。"一带一路"的沿线国家,主要是处在工业化、城市化的起步或加速阶段,建设资金短缺,技术和经验缺乏的发展中国家。走出衰退,加快复苏,整合资源,实现共同发展是"一带一路"国家的共同利益所在。"一带一路"的主要目的在于构建一个包容性的发展平台,将各方优势和潜力挖掘出来,对各国之间实现优势互补和经济整合起到积极的推动作用,通过互联互通,既包括基础设施互联互通、贸易投资便利化和产业合作,也包括金融与人文合作,充分利用既有合作机制,根据沿线国家不同的发展优势和条件,创新合作形式,进行要素和资源整合,以发挥各经济体的比较优势,实现互通有无、合作共赢和共同发展的目标。"一带一路"倡议的提出,契合沿线国家的共同需求,为沿线国家优势互补、开放发展开启了新的机遇之窗,是国际合作的新平台。[①]

第二节 "一带一路"倡议提出的背景分析

"一带一路"倡议之所以能够被提出,并且得以实施,并不是

---

① 秦玉才,周谷平,罗卫东."一带一路"读本[M].杭州:浙江大学出版社,2015.

随机或者凭空出现的,其是有着一定的背景和条件的。具体来说,这一倡议提出的背景和条件,不仅有外部的原因,还有内部的原因。

一、"一带一路"倡议提出的内因

"一带一路"倡议被提出的内部原因,主要有以下几个方面。

(一)是提高中国对外开放水平的需要

十八届三中全会提出:"加快沿边开放步伐,允许沿边重点口岸、边境城市、经济合作区在人员往来、加工物流、旅游等方面实行特殊方式和政策。建立开发性金融机构,加快同周边国家和区域基础设施互联互通建设,推进丝绸之路经济带、海上丝绸之路建设,形成全方位开放新格局。"这里所说的"全方位开放新格局",是与过去 30 多年形成的对外开放格局相对来说的。从 1978 年对外开放以来,中国"经济特区、沿海开放城市、沿海经济开放开发区、沿江开放城市、内陆开放城市"的全方位开放格局就已经形成了。但是,这样的开放格局之所以能够形成,所采用的主要是"筑巢引凤"的方式(即引进外资),对外投资、工程承包等则是中国经济主体"走出去"的主要形式,实际上,中国经济对外的关联度并不太高,也就是没有真正形成开放型经济体制。因此,提高对外开放水平,就需要与经济全球化新形势相适应,对对内对外开放相互促进、"引进来"和"走出去"更好结合起到积极的推动作用,对国际国内要素有序自由流动、资源高效配置、市场深度融合起到积极的促进作用,加快培育参与和引领国际经济合作竞争新优势,达到以开放促改革的效果。

(二)是消除中国东西部经济发展的二元现象的需要

中国经济发展突飞猛进,这与经济特区、沿海开放城市、沿海经济开发开放区的市场化改革有着不可分割的密切联系,但是也不能忽视的是,中国的发展存在着严重的不平衡性。相较于发达的东部沿海地区,中西部地区的经济发展严重滞后。起初,先发展东部沿海地区是为了使东部沿海地区先发展起来,然后带动中西部地区的发展,但是,现实则是并没有相应地带动中西部地区的发展,相反东西部的经济差距越来越大。导致这一现象的主要原因是资本的本性。东部沿海地区资本逐利的机会较大,而中西部地区受自然条件和交通不便的影响,资本逐利的机会较少,所以很少有资本愿意到中西部地区去开疆拓土。这样的二元经济现象对中国整体的发展以及中国现代化进程都产生了非常严重的阻碍作用。除此之外,还存在着非常严重的体制、机制的二元现象。东部沿海地区与国际市场对接比较成功,开放程度比较高,因而市场化程度较高;而中西部地区的市场化程度相对比较低,传统计划经济体制的烙印也比较深,所以尽管在同一个国家内部,但市场体制、机制并不是一样的。这种体制、机制的二元现象就导致了"地方割据"的经济现象的产生。当前,东部经济的发展已经进入了瓶颈期,这主要从资源和政策两个方面得到体现。通过对资源的分析可以看出,东部既有的稀缺资源尤其是土地资源已经无法再支撑东部经济的进一步发展;通过对政策的分析可以看出,以前推动经济发展的各项政策已经陷入低效用或无效用状态,而政策创新本身也陷入瓶颈。换句话说,就是东部经济发展对制度创新的需求越来越强烈,并且需要以此来达到突破既有瓶颈的目的,可以说,这已经成为中国走向现代化和实现大国成长最直接的障碍。

仅仅依靠东部沿海地区的发展,是很难实现中国现代化与和平发展战略的,因此,这就要求必须在中西部与东部沿海地区一起实现现代化之后,中国大国的成长和国家的现代化这一目标才能够真正实现。"西部大开发"的战略设想已经提出了多年,但是,由于受到多种因素的影响和制约,这个战略设想并没有取得理想的效果,或者说没有切实可行的战略抓手。从某种意义上来说,"一带一路"倡议构想的提出和实施,能够对中国西部大开发的战略布局起到积极的促进作用。

（三）是消除中国城乡二元经济现象的需要

中国存在着严重的城乡二元经济现象，这是众所周知的。近几十年的发展中，农村剩余劳动力向城市的转移是城市发展的重要推动力，这就实现了人才由农村到城市的转移，同时，也使农村的一些稀缺资源流入城市中，城市繁荣由此而实现，但是也不能忽视的是，这一现象也带来了农村在中国现代化进程中的落后与不适。农村剩下的主要是老弱病残妇幼婴，农业生产陷于萧条。面对进入城市打工的农民工，城市又难以接纳其成为城市人，因此这一批人无论在就业、孩子上学、社会福利等方面都处于城市的边缘，这就成为城市管理的严重后患。没有基本的人力资源，农村的产业培育发展艰难。况且，不能在短期内实现产业的培育，而且从比较收益来看，农民工没有看到产业收益则会继续被城市的打工收益所吸引。这就导致了空巢老人和留守儿童成为一种普遍的现象。另外，再加上农村产业发展的不理想，使得农民的收益较低，这又进一步促进了农民向城市的流动。这样一来，不仅会导致儿童安全方面的问题，还会产生教育上的缺失，不利于后备人才的培养，进而，也会对国家的发展、国家的未来产生不利的影响。

我们所说的现代化，并不是城市把农村的资源消耗殆尽且最终消灭农村，而应该是农村与城市的文明水平逐渐拉近。用这种方式来提高中国的城市化率，从而导致城市无法容纳乡村文化而爆发城市文明与乡村文明之间的冲突。由此可以看出，农村是"一带一路"倡议最直接的受益对象，通过互联互通的基础设施建设，农村与城市就能够连接起来，农村的资源就能够运出去，城市的产业资源也能够顺利进入农村，从而将农村的产业带动起来，进而促进农村经济的发展。

（四）是突破东部经济发展瓶颈的需要

近几十年来，东部沿海地区的经济之所以能够得到迅猛的发展主要是依靠两个方面，一个是政策；一个是资源。

1. 政策对东部经济发展的影响

中央政府的授权是政策的主要来源，换句话说，就是从中央获得的优惠发展政策。但是，政策的效应并不是一开始就很强烈的，其是呈递减趋势的，另外，还需要强调的是，一种政策在实际中的推进所产生的效应并不一直是理想的，当政策推进到一定程度时，效应就会减弱。30多年的改革发展，政策已经充分运用，其绩效也发挥到了极致。换句话说，就是东部沿海地区在政策方面已经出现了严重的稀缺。要想走出这种政策瓶颈，可以继续用新的政策进行刺激，但是，这一途径会受到地域上的影响和制约，对成本和时间的要求也较高，可行性要低一些；也可以进行制度创新，由此带来的绩效是具有显著的长期性和持久性的，尽管这样做的难度较大，但是一旦实现，其对经济发展所产生的效应是倍增的。由此可以看出，后者的可行性会更大一些。

2. 资源对东部经济发展的影响

从长远的角度来看，东部沿海地区的发展也是一种资源型发展方式，资源主要从海外和中西部地区而来。海外资源的拓展受到境外"中国威胁论"的影响已经越来越艰难，而中西部地区的资源则陷于交通不便的困惑而难以获得，在这种情形下，为了保证理想的资源供应，就必须着重发展内部的互联互通，同时，这对于中西部地区的经济发展也会起到积极的推动作用。

（五）是提升中西部在中国国家发展战略中地位的需要

中国的现代化是整体上的现代化，并不单单指东部沿海地区的现代化，因此，这就要求一定要重视中西部尤其是西部在国家经济发展战略乃至安全战略上的重要作用。中国是"走出去"，不只是从东部的海上"走出去"，更要从西部的陆地上"走出去"。从陆上"走出去"面对的则是整个欧亚大陆。要做到这一点，西部地区的交通和产业发展问题是必须要解决的重要问题。中西部地区发展长期落后，不仅对中国现代化发展战略产生制约作用，同时也给恐怖主义、分裂主义、极端主义提供了机会。尤其是恐怖主义，虽然其产生的原因是多方面的，但贫困无疑是其经济根源。

因此，从整体的发展战略来看，中国需要真正意义上的西部大开发，需要一个与美国的"西进运动"相似的重要行动。通过资金流、信息流、人才流、货物流等，把东部沿海地区与中西部地区连成一体，把城市与农村连成一片，从而使中国现代化进程中的各种二元现象能够从根本上得以消除。

二、"一带一路"倡议提出的外因

"一带一路"倡议的实施与沿线国家的共同努力是不可分割的。因为尽管这一战略构想是中国提出的，但是，其与沿线国家经济发展和现代化都存在着非常紧密的联系，因此提出后得到沿线国家的积极响应。由此可见，"一带一路"倡议的实施对国际环境有着非常高的要求，而这个外部环境与经济全球化、全球治理和非传统安全威胁治理这三个方面是有着密切联系的。可以说，这三个方面就是促进"一带一路"倡议提出的重要外部因素。

（一）经济全球化

从资产阶级开辟世界市场以后，经济全球化就在不断深入。今天，经济全球化出现了两种大的趋势：一种是全球市场的一体化，在理论上表现为全球主义的思想；另一种是经济发展的区域化，在理论上表现为新区域主义的思想。

1. 经济发展的一体化

自从经济全球化成为一种世界潮流后，有支持的，也有反对的。当前的全球化，不仅造成了全球范围贫富差距扩大，还在很大程度上冲击了发达国家的传统工业和发展中国家的民族工业，从而造成新的社会不平衡；除此之外，还导致虚拟经济的发展和危机传导机制使金融危机的风险在全球范围内迅速传播。

中国改革开放 30 多年来积极参与经济全球化的进程，同时，也使社会和经济的巨大发展得以实现。当前，中国开放程度越来越大，经济发展也越来越快，可以预见，中国在新一轮经济全球化进程中仍然是最大的受益者。总的来说，中国融入经济全球化具有较为丰富的经验，具体来说，可以大致总结为四个方面：第一，中国经济是在世界的和平与稳定的前提下得以发展的；第二，坚持稳定和持续的改革开放策略；第三，有步骤地推进经济发展，尤其是在参与经济全球化的过程中，实施正确的开放战略，实现全方位的开放格局，不断提升对外开放水平；第四，中国的开放是互利共赢的开放，对现有的国际经济秩序只能是合理地"扬弃"，不是对现存的经济秩序进行挑战和全盘否定，而是接受并积极建设现有的国际经济秩序和政策，与全球其他国家分享收益和益处。

2. 经济发展的区域化

当前，经济发展的区域化程度越来越显著。所谓经济区域化是指特定区域内的国家（或地区）为谋求在区域内实现商品和生产要素（资本、服务和劳动力等）的自由流动而建立的一种区域性经济联合体，是建立在区域差异和地区优势基础上的较高层次的区域经济合作组织形式。[①]通过区域经济一体化，不仅能够使区域内各成员国之间经济优势互补和资源合理配置得以实现，对于区域内国家（或地区）间的相互贸易和投资的扩大，区域经济竞争力的增强，以及区域内各成员国整体经济实力的提高都会产生积

---

① 胡键.""一带一路"战略构想及其实践研究 [M].北京：时事出版社，2016.

极的影响。目前,绝大多数国家都已成为一个或多个区域经济一体化协定的参与者,这种区域经济合作的发展不仅不会对双边经济合作的发展产生阻碍作用,而且还能对后者的发展产生积极的促进作用,由此可以说,区域经济合作已成为经济全球化的一个重要组成部分。

（二）全球治理

全球治理在资本主义大工业生产和普遍交往的出现、各民族之间的相互依赖形成一个有机整体的发展状况。由此可以看出,全球治理是在世界历史进程的开创的全体下形成的;另外,资本始终在全球治理中扮演着关键性的角色。

这个进程最初是由资本所开拓的世界市场构成的。资本的本质是追求最大的利润,如果资本之间的激烈竞争对资本追求利润的最终目的产生了影响,那么,不同的资本就必然要求对竞争进行必要的管理。这可以说是资本在全球范围内进行治理的原始动力。

相较于过去,当今全球治理的内容以及治理的主体和对象都已经发生了较大的变化。但是,全球治理的物质性工具并没有任何创新。全球治理历经了近300年的历史之后,资本仍然是全球治理唯一的物质性工具。尽管新技术革命日新月异,但当今掌控全球化和全球治理进程的仍然是资本,而且当今的资本比历史上任何时候的力量都要强大。互联网等信息技术仅仅是为资本掌控全球治理进程提供了手段,而不是取代资本作为全球治理的掌控者。

当今资本的全球治理模式与过去的区别是本质性的。过去的"分赃制"的主要目的在于使不同资本在恶性的全球竞争中达成妥协,从而使资本利益最大化得以实现,而在当今,资本的全球治理模式已经从"分赃制"转变为"责任制"。由此可以看出,跨国资本总是在不断协调彼此之间的关系,就是为了使资本和利润流动的进程具有可持续性;除此之外,跨国资本不得不承担过去政府和社会所承担的社会责任,从而达到使资本的经营性运行具有可延续性的目的。

总的来说,资本是市场体系的血液,要使资本的全球善治得以实现,有市场经济精神,秉承市场经济的公平、合作、诚信价值是必需的。只有这样,资本才能克服自身的劣根性,最终走向资本的全球善治。

(三)非传统安全威胁治理

1. 非传统安全问题的基本内容

各种非传统安全的挑战,也是"一带一路"倡议提出的重要因素之一。从某种意义上来说,经济全球带来的不仅仅是实际的利益,还有巨大的挑战。而"冷战"结束以后,军事的威胁已经越来越小,取而代之的则是被"冷战"所掩盖的各种非传统安全问题。通常,可以将这些非传统安全问题分为三大领域:社会与社会之间、社会与自然之间,以及人与社会之间。具体来说,在社会与社会之间的非传统安全问题主要包括两个方面:一个是防止战争与和平的传统安全问题;一个是克服落后并保障经济发展的非传统安全问题。社会与自然之间的问题和人与社会之间的问题则基本上是非传统安全问题,其中,如环境污染、保护生物物种多样化问题、社会对自然界的开发问题、自然界的新的全球性客体的保护性开发问题等都属于社会与自然之间的问题的范畴;而人口问题、教育问题、健康保护问题、当代条件下人的适应问题、不同文化的发展及其相互作用问题、保障社会稳定以及与各种反社会现象的斗争问题等则属于人与社会之间的问题的范畴。这些问题的显现引起了国际社会的广泛关注。

2. 非传统安全问题的防治

为了有效地防治各种突发性的非传统安全问题,中国需要与国际社会进行竭诚合作,因而需要适当地调整过去一段时间确立的外交思想。具体来说,应该从以下几个方面着手。

(1)非传统安全问题使中国外交树立了一种新的安全观,也就是所谓的综合安全观

"冷战"结束后的最初几年里,中国所关注的重点依然是之前就存在的军事安全问题,到20世纪90年代下半期,中美关系明显改善,中国的进一步发展遇到环境污染、流行性疾病、资源短缺、恐怖主义等一系列非军事灾难的障碍。这时候,中国越来越关注非军事安全问题,因此综合安全被逐步纳入中国的外交思想体系中,并成为党和政府决策的重要依据。

(2)非传统安全问题使中国外交所关注的重点从国内问题逐渐向中国的国际形象转变

20世纪90年代中期以前,中国外交完全是为经济发展服务的,换句话说,就是将内部发展作为所有决策的目标,但是随着中国国际地位的提升,中国政府对中国国际角色的重要性有了一定的认识。尤其是作为一个经济高速发展的国家,又是联合国安理会常任理事国,中国树立一个良好的国际形象至关重要。

(3)非传统安全问题使中国外交思想更加关注合作并在合作中谋求双赢

非传统安全问题的兴起,一方面,能够进一步加深国与国之间的矛盾,使紧张程度加剧,甚至采用传统军事手段来解决非传统安全问题;另一方面,其对于相关国家加强对话与合作,共商解决之法是有所助益的。尤其是随着非传统安全问题的日益增多,在国际社会形成了一种与过去的"权力政治观"相异的"问题政治观",并且围绕着发展中共同面临的问题而形成新的国家间关系。在这种关系中,仍然存在着一定的冲突,但在"问题政治领域"里,为了解决"问题",国际冲突已让位于国际合作。当代中国的外交思想历来就强调对话与合作,只是由于中国的实力有限,在传统安全领域内的合作往往受到一定的制约甚至阻碍。

上海合作组织和东盟覆盖的区域是"一带一路"的核心区域,

但是,这两大地区都深受恐怖主义之害,存在着较多的恐怖主义和贫困,由此可以得知,"一带一路"倡议以及由此带来的经济发展将是治理恐怖主义的经济手段。

第三章 "一带一路"倡议下我国体育产业的发展现状与前景分析

"一带一路"是一种共享共赢的理念,主要利用古代丝绸之路的文化渊源,把中国与东南亚、非洲、欧洲许多国家联系起来,为我国经济的发展搭建了广阔的平台,在这一倡议下,我国体育产业的发展将发生翻天覆地的变化。本章主要就"一带一路"倡议下我国体育产业的发展现状与前景进行分析,主要内容有体育产业的形成与发展历程、我国体育产业发展的现状与问题、"一带一路"倡议下我国体育产业的发展前景以及"一带一路"与中国体育产业对接的发展路径。

第一节 体育产业的形成与发展历程

20世纪80年代,我国体育产业开始起步并获得逐步发展,经过近40年的努力,体育产业框架初步形成,作为国民经济新的增长点,体育产业的地位受到了一定的重视。

从我国体育产业产生与发展的情况和特点来看,可以将我国体育产业的产生与发展历程划分为以下几个阶段。

一、1979~1984年:中国体育产业的萌芽阶段

(一)经济体制改革推动了体育产业的产生

我国在 1978 年召开了第十一届三中全会，在此次大会上做出了转移我国发展重点的战略决策，即将建设社会主义现代化的国家作为我国的发展重点，针对这一发展重点，我们对发展的路线、方针和政策做了明确的规划，这是我国步入改革开放新时代、进入社会主义建设新时期的重要标志。

为了更好地贯彻与落实党的决议，我国于 1979 年 4 月召开经济工作会议，会上对我国经济建设的现状进行了全面的分析，并提出的著名的八字方针——"调整、改革、整顿、提高"，该方针主要实行于我国国民经济的发展中。

1982 年 9 月，中国共产党召开第十二次全国代表大会，此次会议上提出了 20 世纪最后 20 年的发展战略目标，即推动经济效益的进一步提高，使经济总量翻两番，使广大人民群众的生活达到小康水平。此次会议进一步说明从根本上而言，我国在发展经济方面的战略指导思想发生了改变。

随着相关政策的制定与实施，我国经济发展取得了一定的成就，主要表现在深入改革农村经济体制，扩大国有企业自主权，推动非国有经济的恢复和发展，全面实施宏观经济管理体制。这些都催生了我国体育产业的发展。

（二）我国转移体育工作重点为体育产业的产生提供了空间

经济发展工作重点的转移、改革开放政策的实施都有效推动了我国体育事业的恢复和发展。随着思想的解放，文化大革命时期制约我国体育发展的思想被一步步澄清，中国体育开始在正确的轨道上发展，同时我国明确了体育工作重点。

1979 年 2 月，国家体委提出高速发展我国体育事业是我国体育战线的工作重点。在新时期，我国高度重视体育发展的战略问题。并连续几年对新时期体育发展战略问题进行了讨论，最终提出，要对体育与政治的关系、体育与经济的关系、普及与提高的关系、学习与创新的关系进行准确处理，并以此来指导我国体育事业今后的发展。

我国体育理论界于 1980 年对体育的性质和特征、体育科学体系等问题进行了深入的探讨。体育界深度反思了体育的概念、功能、意义等,并经过从思想、理论、实践等方面的考虑,提出了在现代化轨道上发展体育工作的战略。

1982 年,国家体委将"抓紧体育改革,推进体育社会化"确定为体育工作的重点。

1984 年 10 月,我国下发《中共中央关于进一步发展体育运动的通知》。

此外,这一阶段我国在体育基本建设中投入了大量的资金,且取得了良好的成效,大量的体育场馆兴建起来。

（三）萌芽阶段的主要特征

随着我国改革开放政策的实施和经济发展重点的转移,政府初步认识了体育产业,但认识还不够多,也不够深入,只是基于"体育事业"的框架对体育产业有了简单的认识。

二、1985~1991 年：中国体育产业的初步形成阶段

（一）我国全面改革经济体制

1984 年,我国在第十二届三中全会中提出要全面改革经济体制,改革的重点是增强企业尤其是大、中型企业的活力。此次会议还提出,必须在遵循一定价值规律,在公有制基础上进行社会主义计划经济和商品经济改革。

1987 年,我国对中国特色社会主义建设的理论和基本路线进行了初步的规划,并指出计划经济体制包含计划与市场,二者内在统一,发展我国经济应在市场经济运行机制下进行,简单来说,市场经济体制倡导的机制是国家对市场进行调节,市场对企业进行引导。在经济改革中,国有经济改革的特征是企业承包经

营责任制和企业内部改革,此外,我国在市场体系发展和宏观经济管理体制方面也进行了一定程度的改革。

（二）我国体育的社会化改革

从 20 世纪 80 年代中后期到 20 世纪 90 年代初,为了与新的社会形势保持适应,中国体育界对体制改革的路子进行深入探索,并指出了改革我国群众体育的总体方向,即推动体育社会化发展,促进国家与社会体育的充分结合,调动社会各界办体育的热情。

在相关改革理念的指引下,我国群众体育的社会化、全民化发展趋势不断加快,在新的社会环境中,各种群众体育组织不断恢复、拓展,体育观念的变化非常明显,随着体育活动的不断开展,活动内容越来越丰富,活动设施也在不断完善。作为文化生活的重要内容,体育逐渐走入人们的生活中,成为人们丰富生活的重要手段。据统计,到 20 世纪 80 年代末,我国经常参与体育锻炼的人已达到 3 亿多,达到国家锻炼标准的青少年有 4.6 亿,有 22 万多个新建的体育场馆,可见群众体育在当时取得了蓬勃发展。这就为体育产业的发展提供了大量的消费者。

这一时期,社会各界高度关注我国竞技体育健儿在国际赛场上的成绩,观看体育赛事激发了大众的体育参与热情,从而推动了我国群众体育的发展。通过发挥体育在振奋民族精神、增强社会凝聚力等方面的功能,可以使群众更加热爱体育,这有利于提高与巩固体育在国家政治、经济、社会生活中的地位。

1990 年,我国首次举办大型综合性国际体育赛事——第 11 届亚运会。为了办好这届赛事,我国兴建场馆设施,发展交通业、传媒业,并完善生活服务,正因为做了这些努力,我国才成功举办了亚运会,并得到了亚洲各国的赞誉。此次赛事的举办增进了亚洲运动员的友谊,促进了亚洲国家的交流与发展,我国也通过举办这次大赛积累了宝贵的经验。

（三）从思想和实践上对体育产业的发展路径进行探索

在这一阶段，我国主要从思想与实践两个方面展开对体育产业发展路径的探索。从思想观念上，出现了关于体育产业概念的争论，并形成了一定的认同；在实践层面上，我国在体育场馆建设、职业体育俱乐部经营方面实施了多项改革。

1985年，我国提出了体育发展的新思想，即体育事业属于第三产业，这是体育改革的重要理论依据。该思想深刻影响了体育事业的行为方式。此后，我国体育管理部门相关负责人指出应积极发展体育产业，与体育有关的产业都是重点发展的领域，使体育产业成为国民经济支柱。这些新的指示推动了我国体育观念的变革与体育产业的发展。

为了对我国体育资金短缺的问题进行解决，推动我国体育事业的发展，我国在体育事业方面加大了投入力度，并对体育事业单位进行了充分的鼓励与扶持，倡导这些单位利用自己的业务优势，探索新的投资渠道，增加组织收入，提高造血功能。具体包括以下几个方面。

（1）鼓励体育事业单位实行"以体为主，多种经营"的财务管理制度。

（2）体育场馆的运营模式转变为经营管理型模式。在推动体育事业优先发展的基础上，鼓励向社会开放体育场馆，增加组织收入，开拓新的经营方式，促进企业化、半企业化经营模式的形成。

在相关经济政策的指导下，我国体育部门开始着眼于市场来发展体育事业，鼓励体育企业单位开展多元化的经营，促进企业服务范围的扩大和服务内容的增加，这些措施使得体育事业发展中面临的资金短缺问题得到了一定的解决，且对我国体育产业的发展具有积极的带动作用。但这一时期我国还没有充分且深入地认识到体育的经济价值，所以这一时期体育产业的发展还处于起步时期。

整体来说,随着改革开放进程的加快,我国体育产业在良好的社会环境中逐渐形成,观念的转变对体育产业的发展具有积极的引导作用,为我国体育产业的兴起奠定了重要物质基础的因素主要是商品经济的发展和人民生活水平的提高。随着我国体育场馆建设水平的提高和场馆经营的不断开放,体育事业摆脱了事业型体育的单一发展模式,逐渐过渡为经营型体育的发展模式。在各方面的赞助下,我国职业体育赛事逐渐产生与发展起来。而我国球类项目在国际赛事中的失利更坚定了有关部门深入改革体育体制改革的决心,强化了我国通过发展体育产业来提高体育事业发展水平,扩大体育事业影响力的决心。这些思想的转变与决心为体育改革的进一步深化和体育产业的大力发展提供了良好的条件。

(四)初步形成阶段的主要特征

在初步形成阶段,我国体育产业的发展呈现出以下特征。

(1)为推动国民经济的发展,采用了"体育搭台、经贸唱戏"的发展途径。

(2)人们还没有广泛认同体育产业的地位和经济价值。

三、1992—2001 年:中国体育产业逐步发展阶段

(一)建立社会主义市场经济体制

中国共产党第十四次全国代表大会提出,建立社会主义市场经济体制,促进生产力的解放与发展是我国经济体制改革的主要目标。该指导思想在党的十五大报告中得到了进一步的发展。为了贯彻这一指导思想,1999 年在中共十五届四中全会上讨论了我国国有企业改革和发展的若干重大问题,并作出了相应的决定,具体包括以下问题。

(1)提出了我国国有企业改革和发展的主要目标,明确时限

改革与发展目标的主要指导方针。

（2）指出对我国国有经济布局进行战略上的调整。

（3）推动国有企业技术发展和产业升级等。

（4）从战略高度推进国有企业的改革，促进现代企业制度的建立和完善，加强企业管理的完善，提高管理水平。

（二）制度与体制创新为我国体育产业的发展提供了保障机制

1992年，我国提出了体育改革的方向，即在社会主义市场经济要求和现代体育发展规律的指导下对具有中国特色的体育发展道路进行探索。后来，邓小平同志继续指引方向来推动体育改革的深化发展。

人们在对竞技运动项目职业化发展道路进行探索的同时，对市场经济条件下体育产业开发模式的建立进行了思考。尽管探索新问题，建立新模式会面临许多困难，但在社会主义市场经济体制下探索新的发展方向，改革体育事业，能够为我国体育产业的发展积累宝贵经验。

党的十四大提出，建立社会主义市场经济是我国经济体制改革的目标，为实现该目标，应进一步深化体育改革，建立符合社会主义市场经济体制的新体育体制，推动体育的产业化发展。

1992年11月，广州中山市召开了全国体委主任座谈会，体育改革是此次会议探讨的主题。会议认为，我国体育事业自改革开放以来取得了明显的成就，但形成于计划经济体制下的高体育管理体制因为过于集中，已经与社会主义市场经济发展的需要不适应了。因此，体制改革应该成为发展体育事业的关键，在体制改革中，核心是机制的转换，转换机制能够促进体育改革进程的加快。通过改革，要建立适应社会主义市场经济的体育运行机制，该机制必须与现代体育运动规律相符，必须由国家调控，而且以社会为依托，具有自主发展的生机与活力，通过建立新的运行机制，促进国家办和社会办相结合、以社会办为主的体育事业新格局的形成。

此外,此次会议还确认了之前提出的率先推动足球市场化改革的决定,将足球改革作为体育市场化的重要突破口,对竞技体育改革的道路进行探索。这次会议深刻影响并推动了我国体育事业的改革和发展。此次会议后,我国启动了职业足球联赛,以推动足球的市场化发展。此后,在足球市场化发展的影响下,其他体育项目如篮球、排球、乒乓球等运动也进入了市场化、职业化发展的轨道。

1993年,《国家体委关于深化体育改革的意见》由国家体委下发,同时下发的还有五个附件,分别是《关于训练体制改革》《关于运动项目管理实施协会制的若干意见》《关于竞赛体制改革》《关于培育体育市场、加速体育产业化进程的意见》《关于群众体育改革》,这些文件确定了体育事业的改革与发展思路,在指导我国体育事业改革方面发挥了重要的作用。文件提出,在体育改革与发展中,核心是转变运行机制,主要方向是面向市场,走向市场,实行产业化发展。

除了改革竞技体育体制外,在社会主义市场经济背景下对体育产业化发展的道路进行探索也是改革的一个重点。1992年6月,《关于加快发展第三产业的决定》(以下简称《决定》)由中共中央、国务院发布,《决定》将我国第三产业的发展机制明确提了出来,即以产业化为方向,对具有生机与活力的自我发展机制进行建立。从产业类型的划分依据来看,体育事业属于第三产业,将体育事业归入第三产业促进了体育观念的变化,深刻影响了体育事业的发展方式。

1995年6月,《体育产业发展纲要》(以下简称《纲要》)由国家体委下发,《纲要》指出我国在新时期发展体育事业面临的一项主要任务就是发展体育产业,我们要积极采取行动,深入改革体育机制,从试点出发,积累成功经验,循序渐进地推动体育产业的发展。

另外,从体制方面而言,我国发展体育产业需要科学的保障机制,这就需要加强体制改革,改革的重点主要是转变政府职能、推动单项运动协会实体化,改革的突破口是足球市场化及产业化改革。深化体育体制改革,对体育产业的发展规律及模式进行探索,能够推动体育产业的深入、快速发展,科学制度保障下的体育产业的发展会更加规范。

随着我国体育事业社会化发展进程的加快,体育影响了全社会的发展。此阶段,体育产业发展前景良好,在制度保障和体制创新的基础上,将体育系统内部和外部的所有力量动员起来发展体育产业,取得了良好的成就。在我国体育产业取得较好的经济与社会效益的同时,体育产业逐渐成为了我国新的经济增长点,推动体育产业进入了一个新的发展时期。

我国体育产业初步成形是在 20 世纪末,该时期我国体育产业形成了基本的市场体系,该体系包括体育健身娱乐市场、体育竞赛表演市场、体育旅游市场、体育技术培训与咨询市场、体育用品市场、体育无形资产市场等内容。1997 年,中体产业股份有限公司上市,这在当时是我国最大的股份制体育公司。

（三）逐步发展阶段的主要特征

在逐步发展阶段,我国体育产业主要呈现出以下几方面的特征。

（1）体育产业全面发展,体育用品业等相关产业的发展速度有所提高。

（2）体育健身业的市场需求越来越高,越来越多元。

（3）职业体育赛事的启动推动了体育竞赛表演业的发展。

（4）我国开始启动体育产业资本市场。

四、2002 年至今：中国体育产业的加速发展阶段

（一）全面建设小康社会与科学发展观

2002年，中共十六大报告指出要建设更高水平的小康社会，并对全面建设小康社会的目标进行论述。为了实现该目标，我国需要优化产业结构，提高产业效益，增强我国的综合国力和国际竞争力，并促进市场经济体制的完善，促进我国经济体系的开放。

为了贯彻党的精神，我国发布了《关于完善社会主义市场经济若干问题的决定》（以下简称《决定》）。该《决定》将推动市场经济体制不断完善的目标、任务、指导思想以及原则明确提了出来，特别是强调了科学发展观的原则，坚持该原则可促进我国各方面的全面协调发展。

在十六届四中全会上，对共产党执政的主要经验进行了总结，并提出了社会发展的重要战略目标，即构建社会主义和谐社会。这一时期，我国经济发展及生产力变化的主要标志有以下几方面。

第一，促进现代市场体系和经济管理体制的不断完善。

第二，全面推行经济改革，推动现代企业制度的完善。

第三，继续改革非国有经济体制，推动非国有经济的发展。

第四，深入改革农村经济体制。

第五，将全面建设小康社会的发展战略贯彻落实到实处。

（二）以北京奥运会为契机，推动体育产业的发展

20世纪90年代，我国申奥失利后，并没有放弃奥运梦想。经过十年的改革开放和发展，我国的综合实力越来越强，在国际上的地位和影响越来越重要，也具备了比较成熟的条件来举办奥运会。在这种情况下，我国在21世纪初赢得了第29届奥运会的举办权，中华民族多年的愿望终于实现了。

奥运会是综合性体育赛事，规模巨大、水平高、影响广泛而深远。在21世纪初，我国全面展开奥运会承办工作，同时这也是我

国改革开放的新时期,因此,这一时期我国在体育工作方面的核心目标是利用筹办北京奥运会的机会促进体育事业全面、快速发展。这对我国来说,是发展体育事业的最好机会。

北京奥运会促进了我国政治、经济、文化的全面发展与繁荣,也拉动与推进了我国体育产业的发展。北京奥运会使我国在发展体育产业方面有了新的动力,促进了我国体育产业结构的优化完善,使体育产业的市场化运作效率得到了不断的提高,而且全面推动了我国体育竞赛表演市场、体育用品市场、体育健身娱乐市场、体育彩票市场以及体育中介市场的快速发展。

此外,在全民健身背景下,我国体育产业发展势头迅猛,发展前景广阔,政府部门从制度上保障体育产业的发展,下发了相关的政策性文件,如《体育服务认证管理办法》等。

随着体育产业发展的不断加快,一些经济发达的城市开始以本地经济发展现状、社会体育氛围、地域条件、体育传统等因素为依据,对具有本地特色的体育产业发展前景进行规划。与此同时,经济落后的城市也大力发展体育产业,通过体育产业来改变本地经济落后的局面,使体育产业成为本地经济发展的主力。

总的来说,在这一阶段,我国体育产业的主要发展成果表现在以下几方面。

第一,国家在推动我国体育产业发展方面做了大量的工作,如整顿体育市场、加强体育立法、改革体育管理体制、优化体育产业发展的市场环境等。

第二,体育产业本身对体育竞赛表演市场、体育健身休闲市场、体育用品市场、体育彩票市场、网络体育市场等进行了全方位的培育,对面向大众的体育市场体系进行了初步的建立。

第三,体育企业积极拓展投资渠道,吸引投资,加强与国际品牌体育企业的合作,对体育产业资源进行了深入的整合,促进了我国体育生产、经营企业的扩大。

第四,竞技体育职业化发展和体育竞赛表演业发展水平不断提高,形成了在国际、国内具有广泛影响力的品牌赛事,如"大师杯"网球赛、"中超"职业足球联赛等。

总之,体育产业作为我国国民经济的新增长点,展现了自己良好的发展状态,目前已进入加速发展阶段,且前景光明。

（三）加速发展阶段的主要特征

在我国体育产业的加速发展阶段,呈现出以下几方面的特征。

第一,体育用品业迅速发展,出现了品牌效应很强的知名企业,如李宁、安踏等。

第二,随着我国职业体育联赛的不断举办,体育竞赛表演业取得了良好的发展,我国还承办了一些项目的大型国际商业体育赛事,如网球、台球等项目。

第三,体育健身市场出现了消费热潮,初始具有了品牌效应的体育健身俱乐部的成立,如浩沙、青鸟等。

第二节 我国体育产业发展的现状与存在问题分析

一、我国体育产业发展的现状

（一）体育服务产业初具规模

1. 体育场馆的兴建与开放

当前,我国在发展体育服务业的过程中,倡导全方位向社会开放体育场馆资源,作为独立经营实体的部分体育场馆在社会主义市场经济体制下积极参与经济活动。近年来,我国出现了很多营业性体育场所,大中型城市广泛兴建高、中档次的体育场所,这些场所大多是集健身、休闲、娱乐于一体的综合服务型场所,如健身俱乐部、保龄球馆、高尔夫球俱乐部、网球俱乐部等。

2. 体育竞赛表演业的逐步建立

随着大量体育俱乐部的建立和我国竞技体育的发展以及职业体育比赛的出现,球迷市场不断扩大,体育竞赛市场得到了深入的开发与发展。

3. 体育培训业的活跃

近年来,我国出现了越来越多的体育培训班,如健美操培训班、武术培训班、跆拳道培训班等,这些培训班的出现推动了我国群众体育运动的发展。

4. 体育中介业的起步

当前,我国体育职业化发展进程在不断加快,一些球类项目的职业化发展趋势更是越来越凸显,如足球、篮球等。这就促使我国竞赛市场中有越来越多的国际体育经纪公司涉足,商业赛事的推广和营销逐渐普及开来。在国际体育中介机构发展的启示下,我国建立了自己的体育中介机构。目前,我国现有体育经纪人的主要组织形式是公司法人,但公司法人(如咨询公司、公关公司、广告公司等)从事中介活动主要是以兼营形式进行的,很少有公司真正以做体育经纪业务为主。虽然我国已经出现了个体体育经纪活动,如运动员转会等,但数量还比较少,且活动质量也较低,而且主要是出现在经济发达的一线城市,如北京、上海等。

(二)体育立法得到了重视和加强

我国发展体育产业,要依托社会市场经济条件,在这特殊的经济环境中必须重视体育法制工作的开展,加强体育法制建设可以从法律上为体育产业的健康有序发展提供坚实保障。

体育法制建设是一个巨大的系统工程,其中包括立法、执法、司法、护法和宣法等几个相互衔接的环节,这几个环节中,基础环节是立法。但总体来看,当前我国体育立法特别是体育经济立法的发展还比较滞后,不过与过去相比,立法工作受到了一定的重视,立法工作的实施也在进一步加强,这与我国体育产业化发展进程的加快是分不开的。

（三）中国特色体育产业管理机构初步形成

我国由计划经济体制过渡到社会主义市场经济体制的过程中，体育产业逐渐兴起，在我国体育产业发展初期，国家体育行政主管部门发挥了重要的主导作用。随着体育经济工作范围的增加，工作任务也越来越重，对此，各级体育行政部门进一步加强管理，并进行了一定程度的机构改革，如原来的计划财务司被国家体育总局改为体育经济司，并在这一部门下设立了体育产业处、体育市场处，伴随专门机构的设立和相关工作的开展，体育经济管理逐渐完善起来，管理队伍的整体素养得到了提高，并逐渐形成了一支业务精、能力强、创新能力突出的体育产业管理队伍。

（四）体育代表性产业组成发展迅速，本体产业与非本体产业并驾齐驱

在我国体育产业的不断发展中，逐渐形成了一批具有代表性的产业，如体育健身业、体育竞赛业、体育传媒业、体育用品业等就属于我国的代表性体育产业。这些代表性产业有本体产业与非本体产业之分，体育本体产业包括体育健身业、体育竞赛业，体育非本体产业包括体育传媒业、体育用品业。从当前我国体育产业的发展来看，起突出作用的是体育本体产业，但体育非本体产业所发挥的作用也不容忽视。

1. 体育本体产业发展

在我国体育本体产业结构中，居核心地位的产业主要是体育健身业和体育竞赛业。

（1）体育健身业

目前，我国体育健身业发展速度在不断提高，大中城市中体育健身业的发展一步步走向成熟阶段，主要体现在投资主体多元

化、经营规模化及经营模式多样化等方面。随着体育健身市场的不断扩大,体育健身器材、体育健身服装及健身食品等相关健身产业的发展也取得了明显的成就。

（2）体育竞赛业

2011 年以来,我国体育竞赛业的发展迎来了新高潮,我国举办的体育竞赛越来越全面,呈现出全面发展的特征与趋势。而且职业体育赛事的水平也有了明显的提高,如中超、中职篮等赛事,在我国体育竞赛市场中,这些赛事依然是主流赛事。此外,我国商业性的体育赛事也出现了比较成熟的经营模式,如网球公开赛等。在社会主义市场经济体制下,我国大型公益性体育赛事的运作效率越来越高,无论是体育赛事的组织体系,还是赛事的运作方式,都呈现出了市场化、社会化的发展特点与趋向。

2.体育非本体产业发展

（1）体育传媒业

在我国体育传媒业的发展中,因为有大量的现代传媒资源融入其中,因此该产业取得了快速的发展。与其他产业相比而言,体育传媒业在传播渠道、市场化程度以及专业化水平等方面都具有一定的发展优势。

（2）体育用品业

产业高度聚集是我国体育用品业在现阶段的主要发展特征,我国体育用品中成长与发展最为迅速的行业是运动器材行业,该行业的快速发展大力推动了我国体育用品业的发展。

除体育健身业、体育竞赛业、体育传媒业、体育用品业外,其他体育产业因为发展时间比较短,所以还无法成为我国体育产业中的代表性产业。但不可否认的是,非代表性产业也取得了一定的发展,如体育培训业、体育彩票业等,只是与代表性产业相比,这些产业在整个体育产业系统的发展中没有起到突出的作用。

（五）体育产业与区域经济密切结合，社会贡献率增加从现阶段我国体育产业的发展现状看,体育产业与地区间形成了越发密切的关系,在区域经济和社会发展中,体育产业所做的贡献越来越大。事实上,随着体育产业的不断发展,人们已经开始关注区域体育产业的变化,"十一五"时期我国体育产业的增加值与同期全国经济的总体增长水平相比高出很多,目前我国地区体育产业增加值超过100亿元的省市有北京、上海、广东等地。这些地区体育产业的发展对当地整个经济的发展产生了非常重要的影响,不管是举办区域性体育赛事、开发体育旅游,还是设立体育产业基地,都推动了这些地区的发展。从近些年我国大型体育赛事的举办来看,举办地在不断变化,突破了以前的赛事举办偏好城市,如北京、上海、广州等,随着选择面的扩大,新兴城市成为了举办大型体育赛事的热点城市,体育赛事的举办对所在区域产生了明显的影响。

二、当前我国体育产业发展中存在的问题

(一)体育产业结构布局不合理,没有发挥理想效果

目前,制约我国体育健康持续发展的一个关键因素就是体育产业结构布局不恰当,体育产业之所以没有发挥出理想的效果,也与这一因素密切相关。我国体育本体产业产值与相关产业产值的比例数据存在异常是我国体育产业结构布局不合理的主要体现。在体育用品业中,体育用品生产、推广与销售等环节的产值在总产值中占的比例较大,而核心产业如体育健身业、体育竞赛业、体育娱乐业每年产值在总产值中占的比例却比较小。造成这一问题的主要原因是,当前我国体育产业的发展还处于初级阶段,整体表现不理想,与体育强国的标准还有一定的差距,而且完整的产业体系也没有形成,体育产业规模也比较小,这些原因导致我国体育产业发展水平低,没有形成很强的市场竞争力,支柱产业较少,因而无法发挥整体效果。

（二）相关产业的潜能没有充分发挥，产业质量较低

市场经济有自己的规律,在市场经济体制下发展体育产业,推动体育产业的市场化发展必须遵守市场竞争机制中的相关规律与原则,如合理配置资源,提高产业效率。在整个体育产业的资产构成系统中,占比较高的是无形资产比,虽然当前我国在开发与利用体育产业无形资产方面积累了相对丰富的经验,但与体育强国相比而言,我国体育产业的整体运行效率远远低于国际标准。

当前,我国很重视对体育场馆等有形资产的利用,但对其他资产还没有进行充分的利用与重视,如赛事会徽、会标、冠名权；健身俱乐部商标、队名等,这就导致我国体育产业的潜能得不到充分发挥,导致体育产业质量低下。

（三）体育产业政策没有突出权威性和效能

近几年,我国政府逐渐重视发展体育产业,并相继制定了许多相关的政策,但有关体育产业评估的政策指导还没有完善,这就导致我国在实施相关政策的过程中没有充分的依据,所以政策实施的效率就比较低。

此外,目前我国的法律政策体系还没有达到全面化的阶段,这就导致我国在发展体育产业的过程中没有可靠的法律依据,因而也难以落实相关政策,例如,在体育子产业的融合过程中,因为没有可靠的法律依据而制约了子产业的高级化发展。

（四）发展中问题逐渐清晰，体制等制度性限制突出

近年来,我国体育产业的发展速度越来越快,但发展中出现了一些突出的问题,从根本上来看,体制等制度性限制是导致这些问题出现的主要原因。下面简单罗列这些突出的问题。

第一,体育政策法规的出台与实施相对于体育市场的发展是

滞后的,这从体育健身业的发展中能够体现出来。

第二,权利不清晰,如体育赛事经营权、转播权,政府和相关媒体企业垄断了这些权利。

第三,体育场馆建设与经营的效率低,对比体育产业的发展,体育场馆的经营管理模式相对滞后。

第四,体育用品企业的竞争力不强,其产业链的附加值还没有达到一定的水平。

第五,体育投融资渠道少,配套性制度没有形成强大的支撑。

第六,体育中介业、体育培训业的发展相对落后,没有形成规模,影响了体育产业的整体发展。

第七,体育产业发展不平衡,这主要体现在区域发展不平衡、产业结构不平衡等,缺乏整体协调的发展意识。

（五）经营人才比较缺乏

在现阶段我国体育产业的发展中,高素质综合专业体育人才极其缺乏。全面型体育专业人才是我国体育产业发展的主力队员,这些人才必须具备体育、经营、管理、法律、财务等相关专业知识,才能在我国体育产业发展中发挥自己的作用,做出巨大的贡献。然而,我国十分缺乏这方面的人才。

当前虽然我国体育产业的人力资源较多,但专业水平较低,整体质量还没有达到一定的程度,这是制约我国体育产业可持续发展的一大因素。我国体育产业中不同领域的人才配比也存在一定的差距,如从事生产、销售的人员较多,但经营与管理方面的人才则很少,对此,我们应重点培育体育综合型人才,提高体育产业的经营管理水平。

（六）体育产业发展的整体规划较为明确，但缺乏跟进性操作

在我国体育产业的发展过程中,国家体育总局每五年都会颁布一次针对体育事业发展的整体规划。因此,我国体育产业有比

较明确的整体发展规划。例如,2011 年我国针对体育事业的发展颁布了"十二五"规划,明确说明了体育产业发展的方向,即促进体育产业竞争力的增强。但事实上,相关部门只是大概规划了体育产业的发展,并没有严格实施具体的跟进性操作。

整体规划如果不能通过具体的计划一步步实施,就只是流于形式而已,操作性计划的欠缺制约了我国体育产业的整体发展,同时制约了代表性体育产业的具体发展和区域间体育产业的协调发展。

第三节 "一带一路"倡议下我国体育产业的发展前景

在"一带一路"倡议下,我国体育产业的发展面临着新的机遇和挑战,可以说有着良好的发展前景。体育产业相关部门要把握住这一时代发展的脉搏,认真钻研"一带一路"倡议下我国体育产业发展的出路,将"一带一路"与体育产业发展密切结合起来进行,这样才能符合新时期对体育产业发展的要求,促进体育产业的可持续发展。

一、"一带一路"倡议给我国体育产业发展带来的机遇

"一带一路"遍及沿线众多国家,具有明显的集聚效应与扩散效应,据估算,仅丝绸之路经济带就会覆盖 30 亿左右的人口,且会涉及高达 23 万亿美元左右的经济规模。不管从人口总量、经济总量来看,还是从资源储量来看,"一带一路"在全球版图中都具有非常重要的地位,具有巨大的市场潜力,在这一新的机遇下,我国体育产业将迎来进一步的发展。

（一）优化体育产业空间布局

受局部区域发展战略的影响,我国体育产业空间布局显示出

了滞后性与封闭性的问题,而且长期以来都处于失衡状态,这直接影响了中西部地区良好合作关系的建立。而"一带一路"倡议是全球性战略,提倡从全球布局出发推动沿线国家一体化发展,显示出了较强的开放性和融合性优势,这对我国体育产业空间布局的优化及多元化发展具有积极的意义。

1. 沿线国家默契合作,推送我国体育产业空间进一步扩大

古代丝绸之路的沿线国家一直希望借助复兴丝绸之路的机会发展本国经济,因此高度重视沿线国家的战略合作,积极优化产业布局,而且提出的一些政策与我国提出的"一带一路"倡议非常相似,可见我国与沿线国家在这一方面达到了一定程度的默契,这将为我国与其他国家的体育经济往来与产业交流提供良好的机会。表3-1是沿线国家出台的一些政策与文件。

表3-1 古代丝绸之路沿线国家的相关政策文件

国家	政策文件	颁布时间
塔吉克斯坦	《塔吉克斯坦共和国截至2015年的国家发展战略规划》	2007年
吉尔吉斯斯坦	《2013—2017年稳定发展战略》	2011年
哈萨克斯坦	《哈萨克斯坦—2050》	2012年
土库曼斯坦	《2011—2030年国家社会经济发展纲要》	2012年
乌兹别克斯坦	《2015—2019年乌兹别克斯坦生产本土化纲要》	2015年

2. 合作组织机制的建立有利于拓展体育产业空间布局

要实现区域的深度合作,提高发展的稳定性,离不开全方位的深入对接,在多层次的对接中,"一带一路"已经存在的组织和机制(亚太经合组织、中亚区域经济合作、上海合作组织等)提供了重要的平台,且发挥着重要的润滑剂作用,随着"一带一路"倡议的深入实施,这些组织与机制将进一步黏合,从而推动沿线各国进一步的合作与发展。

3. 跨境跨区域的合作有助于进一步优化体育产业空间布局

"一带一路"沿线区域已经完成的合作与协定使得体育产业

的跨境跨区域合作实现了新的、更高程度的发展。随着"一带一路"沿线国家进一步的战略契合和跨境融合的不断强化,我国东、中、西部之间的区隔逐渐被打破,而中西部地区有了新的平台可以全面实现对外开放,我国对外开放战略的新空间因此而得到了拓展。"一路"推动了东部体育产业与国际的合作与交流;"一带"则推动了从东部向中西部、国外向中西部两线体育产业共同有序、快速挤压转移。[1] "一带一路"通过统筹国际、国内市场及资源,促进了直接的体育贸易关系的形成,这对我国东中西部体育产业的交流,对我国与与国外体育产业的合作具有极大的推动性影响,从而使我国体育产业空间布局的优化成为了现实。

（二）加快体育产业转型升级

"一带一路"作为一个新的发展倡议,具有长期性,在 APEC 工商领导人峰会上,习近平主席表示,中国在未来 10 年将达到 1.25 万亿美元的对外投资额,年均对外投资 1 250 亿美元,这表明我国发展的总体格局将从"引进来"转变为"走出去"。"走出去"战略倡导我国要进行全方位的改革与开放,加强国际融合,促进我国与"一带一路"沿线各国的交流与互动,实现区域合作,促进区域经济发展,使我国体育产业的发展从粗放型升级为集约型。我国体育产业转型升级主要体现在以下几方面。

1. 开拓国际市场,快速消化体育产能过剩

有关投入产出模型数据显示,1 单位的对外基础投资能够拉动上游产业 1.89 单位的生产扩张,而上游产业 1 单位的基础投资能够推动下游产业 3.05 单位的生产扩张。[2] 在"一带一路"倡议中,沿线各国将加大体育投资力度,这能够使我国在发展体育产业的过程中尽快实现将过剩产能输出的战略目标。

① 姜同仁,张林."一带一路"与中国体育产业对接发展路径研究 [J].西安体育学院学报,2017（02）.

① 郭红娟.我国体育产业发展存在的问题及其解决对策 [J].美与时代（城市版）,2017（06）.

2.合理配置资源，提升产业竞争力

沿着"一带一路"来对我国体育市场中的资源进行全球配置，可推动我国与其他国家在体育产业方面的交流与合作，并在交流中提升我国体育产业的竞争优势，推动体育产业的进一步扩张和布局的优化，使我国体育产业增量的井喷式增长成为现实。而这又能够推动我国体育产业新的竞争力的形成，从而为我国体育产业的可持续发展提供坚实的基础。

3.实现创新发展，使体育产业效率全面提升

"一带一路"西端是欧洲经济圈，沿线多个国家的经济都很发达，这就为中国与欧洲经济大国的交流提供了契机。欧洲是世界体育产业的发源地和集散地，是体育产业的沃土，聚集了世界体育产业的先进理念、技术和人才。通过加强与这些地区的接触，共同对研发中心、设计中心、人才中心、咨询中心等进行设立，将使我国在最新理念的指导下不断开拓思维，提高应用，深入实践，从而与世界各国实现更高水平和全方位的对接与合作，进而全面提升我国体育产业发展中相关要素的生产效率。

（三）促进体育产业内部结构调整

"一带一路"倡议呈现出了开放化、一体化的特征和趋势，这将为我国调整与优化体育产业内部结构带来新的机遇。

1.推动体育产业向第三产业转移

近年来，我国第三产业占比在整个产业结构中在不断提升，2013年，我国第三产业占比超过第二产业占比，到2014年，第三产业占比将近一半，上升为第一大产业，在"一带一路"倡议下，我国争取从第三产业大国迈向第三产业强国，积极调整我国产业结构，使体育工业部门产能过剩与体育服务业部门供给不足的问题迅速得到解决，推动第二、第三产业的协同发展。

2.加快体育服务业发展

欧洲发达国家十分注重体育服务业的发展,很多国家体育服务业的增加值在体育产业增加值中都占有很高的比重,比重超过80%的国家也有不少。欧洲地区集中了世界最著名的五大足球联赛。随着"一带一路"的全面实施,欧洲发达的体育服务产业及产品将大量涌入我国,如体育健身产业、职业体育、体育科技服务等,这有利于推动我国体育服务业的全方位发展,尤其是激发核心层产业的发展活力,并使生产性服务业取得进一步的发展,如体育中介产业、体育培训产业等,这能够使我国体育产业的短板得到有效的弥补。

3. 推动体育用品业升级

随着"一带一路"倡议的实施,沿线国家将进一步深化与细化产业分工,我国大型体育用品制造企业可将沿线国家的劳动力、土地等生产要素充分利用起来,发挥这些要素的低廉优势,跨国建设工厂、优化投资方式,向国外转移低端价值链产品;同时加强创新,促进体育用品业中高端产品的升级化发展。

(四)激发体育贸易出口发展活力

随着"一带一路"倡议的稳步实施,我国与沿线各国的贸易往来越来越频繁,各国贸易发展速度越来越快,这对我国体育贸易出口的良性发展具有积极的意义。

1. 贸易量迎来井喷期

通过调查有关数据发现,2012 年,在我国对外贸易总额中,我国与丝绸之路经济带各国的贸易额占 14.2%(5 495 亿美元)。从预测来看,到 2025 年,我国与"一带一路"涉及国的贸易额多则达到 3.8 万亿美元,少则达到 2.6 万亿美元。未来,中国与各国的贸易往来将会进一步全面化、深入化,这能够推动我国对外体育外贸量的增加,扩大我国的体育市场空间。

2. 要素禀赋比较优势逐步显现

"一带一路"沿线各国拥有巨大的市场规模和市场潜力,中亚、南亚、东南亚地区大部分国家的体育要素在禀赋水平、科技与服务等方面都有明显的优势,可见沿线国家体育产业的发展潜力巨大,中国有了更广阔的空间来进行体育贸易出口。随着"一带一路"的深入实施,中国与沿线国家展开了更加密切的交流与全方位的合作,这就使得我国进一步扩大了体育贸易出口空间,使较为单一的贸易出口结构得到了改善。

此外,随着"一带一路"倡议实施中各国在体育贸易方面合作谈判的不断深入,我国体育贸易出口的多元化趋势将会越来越突出,从而能够有效避免体育贸易出口在未来受到抑制。

3. 贸易结合度越来越稳固

中国与"一带一路"涉及国的互动水平直接决定了双方贸易量的发展,经过不断的融合和交流,我国与其他国家的贸易结合度越来越稳固,在双边贸易联系中形成了非常紧密的关系。良好的互动与融合为我国体育贸易的发展提供了广阔的空间和良好的环境。

二、"一带一路"倡议下我国体育产业发展的前景展望

(一)体育产业结构越来越完善

在 21 世纪的今天,世界经济以知识经济为主导,各国要提高本国的核心竞争力,需要先掌握先进技术、核心技术。改革开放后,我国体育产业经历了几十年的发展历史,在这几十年间,我国体育产业从无到有,从小到大,初步形成了规模与体系,但还远远不及西方体育产业发达国家,没有明显的竞争力和竞争优势。

过去,我国福建、广东等地有许多为西方国家加工体育服装的工厂,但因为印度、越南、斯里兰卡等地的劳动力成本更低,所以西方国家开始在这些国家投资建厂,我国福州、东莞等城市的

服装加工厂纷纷倒闭,这表明,我国还没有建立起自己的体育服装品牌,还没有属于自己的知识产权,一旦其他国家撤走了它们的品牌,我们的生产设备将无用武之地。

此外,健身俱乐部行业从20世纪90年代开始流行于我国,当时我国健身俱乐部的设备以进口设备为主,我国只生产跑台、功率自行车及一些简单的器械,而且这些设备仅仅占了很少的市场份额,这说明我国体育产业只拥有极少的自主知识产权,这不符合我国体育产业的发展规模。为此,国家从政府层面对体育产业品质、品牌的发展给予了大力支持,加大力度对高科技含量、自主知识产权突出的体育用品进行研发,在科技的支撑下对我国新的体育产业结构进行构建,从而提升了我国体育产业在国际中的竞争力。

"一带一路"倡议的实施使我国向更高的技术层面调整了体育产业结构,我国在推动新品牌、新产品的市场化发展中,可以将沿线国家作为重要的实验基地。未来,体育产业中技术含量高的部分是我国重点发展的领域。随着不断的研发,将会出现以下发展新景象。

(1)我国体育训练培训业将进一步发展。

(2)运动训练与健身中所用的设备越来越智能化、电子化。

(3)体育场馆建筑业越来越智能环保,功能越来越全面。

(4)体育服装业的技术水平和环境适应能力将逐步提高等。

以上这些高新技术的大力发展有助于我国体育产业结构的合理化发展与优化升级。

(二)我国体育产业进一步向世界扩张

从"一带一路"高峰论坛结束到现在,"一带一路"的倡议得到了很大的积极反响,这比我们的预期要好很多,全球几乎有一半的国家直接参与或间接参与该战略,因此说"一带一路"是扩大我国影响力的绝佳平台,也是发展我国体育产业市场的重要路径。这主要体现在以下两方面。

一方面,作为一个已经成形但还没有完全成熟的市场,"一带一路"给我国体育产业的发展提供了广阔的空间,开发、利用这个市场,能够促进我们旧产能的消化和新产能的研发。

另一方面,"一带一路"的世界影响力非常巨大,涉及的人口规模和经济规模几乎占世界整体的一半,而且其中在世界上有很强影响力的国家也有不少,发挥这些国家的优势,可以进一步向全世界介绍我们的产品,因此说,"一带一路"是我国宣传体育产业的重要窗口,而先入为主地占领该市场是实现宣传与推广的前提与基础。

现在,世界上的体育制造业强国(如日本、美国、德国等)已经将自己的工厂大量向东南亚国家转移,在东南亚国家重点对熟练工人和管理者进行培养,这有利于我国向东南亚国家转移我们的部分体育制造业产能。我国作为"一带一路"的发起者和领导者,与这些国家进行多元化、多层次的贸易往来将占有明显的优势。"一带一路"凝结着中国传统文化和东方价值观,在这一具有特殊文化意义的倡议的引领下,我国体育产业的发展将更加顺利。

同时,在我国向西方国家扩展体育产业市场的同时,可以将东南亚、非洲的一些国家作为主要的桥梁与中介,因为这些国家与西方国家也有密切的贸易往来。

第四节　"一带一路"与中国体育产业对接发展路径研究

在"一带一路"倡议的指领下,我国体育产业迎来了一个良好的发展契机,如何将体育产业与"一带一路"相融合,二者实现无缝对接,共同得到发展是一个值得深究的问题。

一、"一带一路"与我国体育产业重点对接领域

（一）体育基础设施投资建设

2015 年 3 月 28 日，我国发改委、外交部、商务部联合发布了《推动共建丝绸之路经济带和 21 世纪海上丝绸之路的远景与行动》（以下简称《远景与行动》），这标志着我国"一带一路"的正式启动，这对于我国各项事业的发展都具有深远的影响和意义。

《远景与行动》提出，我国与丝绸之路沿途国家应对优质产能进行分享，在项目投资上要共同协商，在基础设施上共同建设，对合作成果要共同享受，并在"一带一路"倡议中，优先推动基础设施建设。因此"一带一路"与我国体育产业对接中，要将体育基础设施作为重点领域。当前，我国外汇储备量大，体育基础建设能力较强，建设经验丰富，具有明显的比较优势，具体表现在以下三个方面。

第一，我国建筑行业迅速发展。

第二，体育场馆设施建设经验丰富，且建设发展成熟。

第三，公共体育设施建设水平较高。

以上这些优势为"一带一路"与我国体育产业在体育基础设施建设领域的对接提供了可能。

（二）体育用品制造产业承接转移

《远景与行动》中提出，我国要促进产业链分工布局的优化，实现上游产业、下游产业及关联产业的全面发展；对投资合作新模式进行探索，与其他国家共同对境外经贸合作区等产业园区进行建设，提高我国产业的集群化发展水平。

当前，我国体育用品制造业在世界制造业行业中占有重要的地位，具体表现在以下几方面。

第一，我国体育用品产业发展规模迅速扩大。

第二,我国形成了自己的体育用品产业品牌。

第三,我国体育用品产业创新力强。

丝绸之路沿线国家积极响应"一带一路"中提出的优化产业链分工布局的战略,这表明该战略与各国诉求是相吻合的,而"一带一路"长期形成的基础优势为我国在体育用品制造产业领域的深度对接奠定了良好的基础。

（三）体育赛事产业联合发展

《远景与行动》提出,我国应加强与沿线国家的体育交流,积极申办国际体育赛事,这为联合开发"一带一路"体育赛事产业、实现合作共赢指明了正确的方向。

随着我国竞技体育的不断发展和人民大众体育欣赏水平的不断提高,我国体育竞赛表演产业取得了良好的社会效益与经济效益。我国举办的一些赛事或大型体育盛会在国际上产生了巨大的影响力,最为显著的代表就是北京奥运会的成功举办。此届奥运会的举办使世界各国看到了我国的办赛水平,了解了我国的综合实力,因此加强了我国与其他国家的体育合作,促进了我国竞赛表演市场的发展。此外,大型综合性体育赛事（亚运会、大运会等）的举办、大型国际单项体育赛事的举办（F1 大奖赛等）等都显示了我国在举办体育赛事方面的能力,并形成了广泛的国际影响力。同时,我国也形成了自己的赛事品牌效应,随着足篮排职业联赛规模的扩大和水平的提高,我国获得了良好的经济效益和社会效益。国际社会高度关注我国在举办赛事方面的实力,并给予了充分的认可。

"一带一路"沿线国家拥有丰富的赛事资源,且赛事发展的潜力非常大,如2017 年联合会杯和2018 年世界杯足球赛的举办地——俄罗斯形成了明显的赛事聚集效应,印度联赛迅速发展等。

我国在举办大型体育赛事方面的实力与经验以及"一带一路"沿线国家巨大的赛事发展潜力等都为"一带一路"与我国体

育赛事产业的联合发展与深度对接提供了良好的条件。

二、"一带一路"与我国体育产业对接发展的策略与建议

（一）对适合发展的对接路径进行选择

"一带一路"与我国体育产业的对接发展不是轻易就能够实现的,这项工程十分复杂,需要先从总体上做好规划,促进二者的协调发展,然后持续提供动力和帮助,对合适的对接管道进行选择和建立,使二者的对接发展目标成为现实。具体来说,为实现二者的对接,需要从以下几方面努力。

1. 嵌入地区平台

充分发挥多边合作机制的作用,如中国—东盟"10 + 1"、上海合作组织、亚欧会议、亚太经合组织、中亚区域经济合作、亚洲合作对话等,从多领域出发实现体育产业的对接,并将地区新兴战略平台融入对接规划中,全面介入体育基础设施领域,从基础领域着手实现对接。

2. 充分利用开放平台

充分利用中国—东盟自贸区;我国天津、广东、福建、上海等地的自由贸易试验区等试验田来推进国内、国外体育产业资源和体育产业市场的对接。

3. 加强双边和多边谈判

沿丝绸之路开展双边或多边谈判,促进沟通层次的提升和管道的增加,对体育产业跨境合作示范集聚区进行建设,促进双边或多边联合协调机制的完善,在谈判中,将协委会、联委会、指导委员会、管理委员会等组织的作用充分发挥出来,科学规划与落实体育产业对接实施方案,使沿线国家的体育产业能够实现深入的合作,实现共赢发展的共同目标。

（二）将需求旺盛的对接区域作为重点

要实现"一带一路"与我国体育产业在重点领域的对接，必须达到最大化的实现程度，这就需要推行更有针对性、更能体现差异性、更具个性的发展策略，将市场需求旺盛的区域作为重点，循序渐进、有针对性地实现对接。

丝绸之路西接的欧洲国家普遍形成了科学成熟的体育产业发展体系，这些国家的体育产业达到了一定的信息化程度，市场上对新兴产业的需求非常大，如"互联网＋体育"等产业。我国在推动体育版权交易和资本市场不断扩大的同时，可以着眼于国际化、互联网化，对体育产业链生态合作体系进行构建，该体系必须包括资源运营、内容平台、互联网服务等内容。

丝绸之路沿线国家的传统体育产业在不断发展，市场上有非常旺盛的需求，对此，我国可以推动体育发展的大众化与普及化，在体育基础设施建设、体育赛事市场开发、体育用品加工制造、体育旅游线路规划等方面加强与国外的合作。且合作必须体现在多层次、多领域中，真正实现全方位的深入合作，这能够促进产业需求和区域发展深度对接目标的实现。

（三）对转型升级的对接领域进行探索

近年来，我国体育对外贸易行业发展速度很快，因此出现了产能过剩的问题，而且该问题日趋严重，使得我国体育产业资源的配置效率大大降低，对体育产业的转型升级造成了严重的制约。为解决这一问题，我们需将与"一带一路"对接的契机充分利用起来，推进体育产业结构调整，促进体育产业转型升级，具体从以下几方面来着手进行。

第一，加强与"一带一路"沿线国家的分工协作，尤其是与发展中国家的协作，将初级落后产品淘汰，使企业突破低端加工的局限，转变为高端加工，并进一步改造技术，加强产品创新。

第二，与"一带一路"沿线发达国家共同建设体育产业创新平台、体育产业研究中心、体育产业技术转移中心,共同研发新技术,在科技方面加强交流与合作,使我国的高端体育产品能够尽快上市,提高我国体育产业的竞争优势,向高端领域前进。

第三,在资本扩张方面要进一步推进,加强与其他国家知名体育营销企业、体育传媒企业的合作,加强与世界高端体育俱乐部的交流,促进我国体育企业在世界上影响力的扩大,实现我国体育产业的正式转型升级。

(四)将改革发展的对接红利释放出去

发展体育产业,需要遵循市场规律,贯彻国际通行规则,在资源配置中,由市场发挥决定性作用,企业发挥主体作用,政府发挥宏观调控作用。因此,我国体育产业与"一带一路"顺利对接的前提和基础是坚持市场运作。经过多方的努力,我国在体制改革方面取得了一定的成效,目前,我们还要继续深入改革经济体制、行政体制及社会体制,并强化政府的服务功能,减弱政府的行政干预力度,在体育生产要素配置中以市场为主导,避免政府过度垄断,将各种隐性障碍打破,使政府在体育版权方面放宽限制,促进体育版权交易平台的建立,将改革红利有效释放,真正推动我国体育产业与丝绸之路的市场化深度对接。

第四章 "一带一路"形势下我国体育 产业结构的调整与优化研究

"一带一路"倡议的提出,为我国各项事业的发展带来了新的机遇,并创造出了更多的机会和价值。在"一带一路"形势下,体育产业作为我国经济发展的支柱产业之一,也要紧紧把握机会,通过调整自身产业结构来更好地适应市场,迎合市场发展需求,同时也要对结构进行合理优化,以提高产业效率,创造更多效益。本章就"一带一路"形势下我国体育产业结构的调整与优化进行研究。内容包括体育产业结构的形成与特征、我国体育产业结构的现状分析、我国体育产业结构优化的目标与原则、我国体育产业结构优化的路径选择以及我国体育产业结构评价指标体系的构建。

第一节 体育产业结构的形成与特征

一、体育产业结构的形成

对于产业结构来说,其主要是通过两种机制得以形成的,即计划机制和市场机制。对于产业结构的形成与发展,是计划机制作用下政府的行为,还是市场机制作用下企业的行为,是以政府安排为主还是以市场安排为主,这是已成为理论界反复争论难以解决的问题。在我国作为一个新兴产业,体育得以兴起并发展起来,其结构的形成和演化是在两种机制的共同作用下,受到众多不确定因素的影响。对体育产业结构的形成和演变的主要影响因素进行深入了解,是对体育产业结构的形成和演进进行正确认识评价和优化的基础,是对体育产业结构演变趋势进行把握以及预测的重要依据。

作为一个开放的系统,产业结构是比较复杂的,对产业结构演进产生影响的因素有很多。20世纪80年代,在《竞争优势》中,美国哈佛大学的教授——迈克尔·波特,对产业和竞争战略的基本框架进行了详细介绍。在他看来,一个国家的特定产业是否具备竞争力,这主要是由其相关支持产业的情况、需求状况、竞争环境等因素来决定的。除此之外,政府的行为和机遇同样也会对产业竞争力产生比较大的影响。根据波特的钻石体系理论,可以将对体育产业结构演进产生影响的动力因素归纳为五个方面,分别是经济发展、社会需求、资源供给、科技创新、制度环境。具体如下。

(1)经济发展是促使体育产业结构得以演进的前提条件。

(2)社会需求是促使体育产业结构进行演进的基本导向。

(3)资源供给是促使体育产业结构得以演进的客观基础。

(4)科技创新是促使体育产业结构不断演进的决定力量。

(5)制度环境为体育产业结构的不断演进提供了重要保证。

二、体育产业结构的特征

(一)整体性

就系统来说,虽然说系统结构主要是指系统各个要素之间存在的联系,但如果脱离了这些要素,那么这种联系单独存在是没有可能的,事实上,系统结构和系统要素之间的关系是密不可分的。不能将系统的结构简单地看作是诸多要素的简单集合体或各个要素的混合物。实质上,系统的结构是各个要素之间各种关系的综合,如相互作用、相互联系等关系。系统结构的性质及系统运动也正是在各要素的相互作用中产生的。在系统结构的各要素中,是不可能找到这种系统结构的性质和运动规律的。反之,系统结构整体的性质和运动规律会对各要素的性质与运动产生决定、制约和支配性的影响。

作为一个集合体,体育产业主要是由两部分因素构成,一部分是社会大众提供的体育服务活动和体育产品,另一部分主要是同这些关系相关的活动。在体育产业中,诸多活动相互之间都存在比较密切的关系,它们是相互依存的产业群体。各个活动之间有着很强的关联效应,并且有着复杂的耦合关系。如果体育产业只是由各个部分简单组合而成的,那么其就不会产生一系列的效应。也正是因为体育产业并不是由各个要素进行简单的相加形成的集合体,所以其集体效应是非常强大的。我们可以将体育产业的巨大集体效应看作是其结构的内在属性,这一属性的存在离不开产业的结构内涵和结构素质。

只有将体育产业结构的各个环节和要素进行充分结合,同时对其进行全面分析,才能从整体上来把握体育产业结构。在整个体育产业结构中,任何一个要素的生存与发展都离不开对其他要素的依存,一个要素的产出可以是另一个要素的投入,同时一个要素的投入也可以是另一个要素的产业目标。从整体的层面来说,很容易看出体育经济发展的整体效应应当是其他任何一个要素都不具备的。同时,体育产业的整体效应也并不是各个要素简单相加的功能之和,其所具有的功能应当远远大于各个部分的功能之和。所以说,在体育产业结构中,整体性是其一个主要的基本特征。

（二）自发性

对产业结构进行优化和发展,需要维护好其系统结构的整体性,同时进行有效的转换生成,这便需要产业结构进行自我调节来得以实现,这便是体育产业结构的自发性特征。

体育产业结构的自我调节性指的是通过体育产业经济系统

的内部机制就可以对体育产业结构进行自发建造,并促进体育产业结构升级的实现。体育产业是始终处在运动变化过程之中的,这主要从其结构、内部诸要素以及其所处的外部环境等方面得以体现出来。在体育产业经济系统中,各个子系统都是在不断进行着自我调整和组织,仿佛有一个"无形的手"来操纵这些子系统;另一方面,之所以能够产生"无形的手",这主要是因为各个不同子系统之间存在着竞争和协同作用。

（三）转换性

事实上来看,系统结构的转换其实就是系统结构的生成,系统结构的加工和构成功能也都是系统在其规律的支配下,不断加工和整理新材料,并体现出其自身新结构的能力。

从根本上来说,体育产业结构的问题其实就是资源配置的问题,可以从资源转化器的角度来对体育产业结构进行分析。换句话说,就是体育产业要在一定的资源条件下,通过体育产业结构进行有效的运转,不断引进外界的物质、信息、能量,并不断地生产和创造出各种体育产品,以此来更好地满足各个不同社会群体的体育多元化需求。体育产业结构转换也就是重新对体育产业内的资源进行配置,调整资源在各部门间的比例,具体来说就是,通过转移体育产业内发展不理想的子产业劳动力、资金等要素,来对该产业的有关变量进行调整,以提高该产业的发展水平,并对体育产业结构进行整体优化。

（四）层次性

通常来说,不管是哪一种系统,都可以被分解成各个不同的小的子系统,同时任何一个系统都可以同其他的系统进行相互结合来形成更大的系统。体育产业作为一个系统同样也是如此,大系统之中包含了各个小系统,小系统又可以被划分为更小的系统。

从宏观的角度来看,体育产业应归属为第三产业的第三层次,同时体育产业也包括八大子系统,分别是体育组织管理活动,体育中介活动,体育健身休闲活动,体育场馆管理活动,体育场馆建筑活动,其他体育活动,体育用品、服装、鞋帽及相关体育产品的销售,体育用品、服装、鞋帽及相关体育产品的制造。[①]任何一个子系统又包含很多更为低级的系统,这些更低级的系统又包含很多级别更低的子系统,体育产业结构的层级体系便由此得以形成。

在整个系统中,各个不同层级的结构有着不同的作用和地位,但各个不同层级的结构并不是孤立存在的,相互之间存在着非常紧密的联系。正是在各种因素的共同作用下才使得体育产业结构得以形成,并且很多因素都对体育产业结构的形成产生了一定的制约作用。所以,在体育产业的不同发展阶段会出现不同层次的产业结构。通过分析体育产业结构的层次,可以对体育产业结构系统的特征进行不同角度的揭示,这对于我们更为深入地理解体育产业结构的发展方向和发展现状有着非常重要的意义。通过体育产业结构所具有的层次性能够很好地反映出体育产业结构的优化状况,这主要是通过分析体育产业结构的素质和属性来实现的。

第二节 我国体育产业结构的现状分析

一、港澳台等地和外商在体育产业中投资占有较大的比重

在全球化背景下,我国经济的快速发展使得我国的体育产业获得了很大程度的发展,而在我国体育产业投资方面,港澳台地区的商人以及外商投资占有较大的比重。就拿 2013 年来说,对

---

① 刘远祥.体育产业结构优化研究 [M].济南:山东大学出版社,2015.

于我国体育产业的投资,港澳台商人和外商的投资占据的比重分为别45.78%、41.34%,同我国内地的企业产生了比较激烈的竞争。所以说,港澳台等地的商人和外商对我国体育产业的投资成为促使我国体育产业快速发展的一个重要力量。若想促使我国体育产业获得更加快速、更好的发展,就必须要进一步增大投资的力度,从而同港澳台等地区的商人和外商形成一个势均力敌的力量,以更好地促使我国的体育产业获得更加健康的发展。

二、体育产业组织结构不够合理

由于受到我国传统思想的影响,我国的体育产业在发展的过程中存在着政治与企业分界不够明确的现象,这对我国体育产业的组织结构产生了比较大的影响。这主要表现为我国体育产业结构关系水平比较低,结构非常松散,缺少必要的联系,很难形成整体合力的作用等,这不仅会对体育产业的生产和结构效率产生影响,同时也对我国体育产业的健康发展形成制约。对于我国体育产业的整体发展来说,规模小,大型企业缺乏,低回报率,很难形成聚集效应和规模效应。

三、我国区域间的体育产业发展不平衡

从地域来看,我国体育产业发展在区域之间存在着非平衡现象,这主要在两个方面,一方面,我国体育产业结构在东部、中部和西部存在着梯状的格局;另一方面,我国体育产业结构在城市和乡镇方面的发展水平存在较大的差距。

首先,根据我国2010年针对东部、中部和西部等地区几个省市的调查可知,在我国东部省市的体育产业在全部省市中所占比例达到90%以上,而中部和西部的比例都在10%以下。

其次,城乡区域的体育产业发展存在非常明显的差距,体育产业在城市中获得了较好的发展,但在很多农村地区的发展仍然处于萌芽阶段。

四、体育产业各层次间关联性不强，很难形成完整的产业链

我国体育产业结构系统大致可以分为三个主要层次，分别是核心层、外围层、产业层，各个层次相互之间有着非常密切的联系。其中，核心层是整个系统的重心，对其他各个层次的结构和规模产生影响，而外围层和产业层相互之间有着比较大的关联，同时为核心层提供重要的保障和条件。当前阶段，我国体育产业的发展水平非常有限，体育产业结构系统相对来说还不够完善，其发展对产业层有着较大的依赖性，而核心层的规模比较小，无法使体育产业的价值得到更好的发挥。

五、体育产业的结构效应水平相对较低

对于体育产业来说，结构效应会产生比较大的影响。经济发展比较好的国家，体育产业往往会被作为支柱产业，这主要是因为体育产业能够发挥比较大的结构效应。本阶段，我国体育服务业所创造的产值，其数额非常大，但产业的总体增加值却只有25.36%。所以，我国体育产业的结构不是很合理，结构效应水平比较低下，这既会对我国体育产业的健康发展产生影响，同时也能够促使我国体育产业结构在国民经济发展中更好地发挥作用。

第三节 "一带一路"形势下我国体育产业结构优化的目标与原则

"一带一路"倡议是综合我国具体国情提出和实施的，它对于我国各项事业在新时代背景下的进一步发展都具有深远的影响和意义。"一带一路"倡议的实施对我国体育产业发展而言是一次极大的挑战，针对当前我国体育产业结构还比较单一、不够完善的问题，相关体育事业部门应该抓住这一历史发展的机遇，紧

跟"一带一路"发展潮流,与"一带一路"沿线国家和地区展开通力合作,不断优化体育产业结构,这对于我国体育产业的发展具有重要的作用。要优化体育产业结构,首先就要制定一个合理的优化目标,并遵循一定的原则。

一、我国体育产业结构优化的目标

(一)体育产业可持续发展

根据马克思再生产理论可知,社会再生产的过程就是将实物补偿和价值补偿进行统一,以更好地促使社会再生产得以顺利进行,这就需要各个国民经济部门之间保持一个较为合理的比例。这对于体育产业来说同样如此,要持续发展,各组织结构之间就要保持一个比较合理的比例。

对于所有组织来说,如果采用过度朝前的"单兵突进"就会对体育经济的健康发展产生不利的影响,如体育用品制造业,如果一些比较重要的组织过于滞后,同样也会对体育经济的整体发展造成"瓶颈",如竞赛表演业和健身娱乐业,从而对体育经济的发展形成制约。要使体育经济发展的潜力得到更大范围的发挥,就必须使产业内部的各组织结构保持合理化,形成协调发展的格局。

(二)结构合理化和高度化

对产业结构进行优化,这是一个动态的过程,在不同的时点和不同的发展阶段,其优化的内容也是不同的,但主要包括两个方面的内容,一是对产业结构的合理化进行优化,二是对产业结构的高度化进行优化。

体育产业结构的合理化是指使体育产业内容保持同产业发展规律以及内在联系相符合的比例,更好地保证各个部门得到协调发展。

体育产业结构高度化是指以产业技术创新作为基础,促使主导产业的作用得到充分发挥,促使产业素质得以不断提高,从而实现从低级向着高级的产业进行不断演进。

目前,如果不能很好地改善我国的体育产业结构现状,那么我国体育经济的变化就只能从经济增量方面得以体现出来,难以产生结构性增长以及经济质量的提高,更不可能出现大规模高效的增长。反之,如果因为产业结构产生过度扭曲以及出现失衡,很难对因体育经济快速发展而产生的压力进行承受,就会导致"瓶颈"的作用不断地扩大,这最终也会迫使体育经济快速走向衰退。

(三)具备核心竞争力

当今,高科技竞争已成为世界各国综合国力的竞争,更是围绕着技术创新、知识创新以及科技转化开展的。只有对一些尖端技术进行掌握,才能在国际竞争中保持科技优势,经济的发展才能处在领先地位。中国的竞技体育已跻身世界三甲,继雅典奥运会中国代表团取得第二名的好成绩后,更是在北京奥运会上取得金牌总数第一名的历史最好成绩。

对于机遇,我们要紧紧抓住,促使科学研究得以大力发展,并构建起科技成果向着生产力进行快速转化的有效机制,以尽可能地争取在各个关键领域,如体育产业资源以及体育产业体系、战略、政策、制度和创新机制等,建立起持久的竞争优势,促使产业结构的素质得以不断提高,不断地向着高附加值、深加工的方向发展,以更好地带动整个体育产业结构优化和升级,从而实现快速增长,为体育经济发展创造条件。由此可见,对体育产业机构进行调整并不是一般意义上的适应调整,而是在高科技带动下,对经济的长远发展和全局发展有着重要意义的战略性调整,不是临时的、局部的调整,而应当是以促使我国体育产业整体素质和竞争力不断提高,促使可持续协调发展得以实现作为目标的全面调整。

(四)供需动态平衡

凯恩斯经济理论是针对发达国家长时间处于经济危机难以

自拔的"拯救"方案,这一方案,其核心就是政府通过采用货币政策、财政政策对经济活动进行干预,以使需求不足的问题得到有效解决。这在发达国家中已经获得相应的成效,促使消费水平提高已成为促使产业机构不断演变的一个非常重要的因素。就人均 GDP 来说,在 1 000 ~ 3 000 美元阶段,居民的消费结构便会产生变化:物质生存型消费的比重会逐渐下降,发展服务型享受型消费所占的比重会不断增加。在 2003 年、2006 年、2009 年,我国的人均 GDP 分别达到了 1 000 美元、2 000 美元、3 000 美元。为了更好地顺应居民消费结构的变化趋势,这就需要社会在供给体育产品方面具备一定的弹性,对体育服务产品的供给进行不断丰富,以更好地对这种消费结构的变化进行适应。体育消费有效需求不足的一个主要原因就是体育产品的供给结构未能响应居民体育消费意愿的变化并及时进行调整,未能把居民潜在的体育消费欲望转化为现实消费需求。根据体育新的消费热点,来更好地促使体育产业供需结构趋向协调,从而形成动态的互动效应。

（五）区域协调发展

对于全国产业结构的优化和调整,要使其在一定区域空间进行落实,同地区产业结构的优化和调整协调起来。要促使各个不同区域的竞争优势和比较优势充分发挥出来,根据各自的资源聚集优势和各自的特点,在合理化的基础上来促使体育产业结构高度化,对中西部资源禀赋优势、其他资源优势以及民族体育特点进行充分挖掘,对体育产业的发展进行适度规模的推进,对中西部地区体育产业基地的建设进行扶持,以更好地实现各个区域体育产业的协调化发展。对于各个地区体育流动资源的配置以及产业结构优化调整中的利益分化,国家也应积极主动地协调,以更好地保证整个国家的产业机构优化目标得以顺利实现。

二、我国体育产业结构优化的原则

(一)整体性

在体育产业结构优化中,整体性原则就是要将系统整体功能大于部门功能的简单相加充分体现出来。体育产业系统就是产业内各个要素之间相互关联、相互依存、相互影响、相互制约而组成具有特定功能的聚合体。体育产业的发展并不是孤立存在的,其重点就是要促进关联强度比较大的产业得到发展,从而更好地带动相关产业获得发展。体育产业结构优化的整体性原则,要求体现体育产业系统的整体功能大于部分功能的简单相加,必须有效配置各类资源,促进体育产业各内部构成之间的协调发展,产生系统聚合效应。既要对市场的需求进行适应,同时还要注意各个内部构成之间的相互衔接,协调发展,密切配合,从而使体育产业结构的整体协调功能得到发挥。

(二)层次性

不同的结构层级,能够很好地表明在整个系统之中的作用、地位也是不同的,但相互之间存在着相应的内在联系。体育产业结构是多种因素共同作用的结果,其形成受到诸多因素的制约。因此,在发展的不同阶段,所出现的层次也是不同的。体育产业结构层级体系的划分,可以从不同侧面揭示体育产业结构系统特征,有助于我们更深入地了解和研究体育产业结构的现状和发展变化的趋势。在对体育产业结构进行优化和调整的过程中,既要对系统较高层的要素构成进行很好的把握,更为重要的是要充分利用较高层要素对较低层级要素组合的决定功能。

(三)动态性

对于体育产业的结构进行优化,是一个动态的过程。体育产业结构优化是一个相对的概念,它不是指体育产业结构水平的绝对高低,而是在对体育竞技效益最优目标进行实现的基础上,根据某地区资源条件、地理环境、科学技术水平、经济发展、人口规模等特点,通过调整体育产业的结构,来使之达到同上述条件相适应的各个产业协调发展的状况。

（四）开放性

对于体育产业结构的演进来说,开放是前提条件。所谓系统的开放性特征,是指一个远离平衡状态的开放系统,在它同外界进行能量的交换过程中,会引起系统内部要素结构的变化,并导致要素间的关联关系重新组合。对于系统各要素来说,它们的这种变动程度并不是对等的,某一要素的变动,能够对系统行为的某一参变量的变化达到一定的"阈值"起到决定作用,而发生突变,以促使整个系统从原来的无序状态,走向新的有序状态。一旦形成这种新的有序结构,还需要通过增加同外界物质和能量的交换才能进行维持,并逐步形成一种将外界干扰排除的"抗干扰力",进而更好地保持一定的稳定性。

（五）效益性

市场经济的快速发展对资源配置产生的基础性作用越来越明显,它不仅要求资源获得最佳的配置,最优的组合利用,同时还要求产业结构出资按最佳效益的发展状态。因而体育产业结构的调整要以资源最佳配置、最佳结构效益为原则,加强政策扶持与引导,坚持经济效益和社会效益并重。对体育产业结构进行优化,必须要坚持为经济社会发展服务,同时将对健康有益的体育服务产品提供给群众,以更好地满足各类群体多元化的体育需求。

第四节 "一带一路"形势下我国体育产业结构优化的路径选择

一、体育产业结构优化的可选路径

（一）市场行为

在当前社会主义市场经济条件下,社会经济的运行是以市场作为基础调节的,在配置资源方面,通常是通过价格机制来进行实现,市场主体可以通过自由竞争。在优化体育产业结构方面,市场供求和价格机制是其中的两个关键。在体育生产要素市场与体育产品市场中,通过对供求与竞争关系的协调来对体育资源进行配置,促进具有竞争力的体育产业快速发展,可以使人们的经济意志和体育需求得到更好的实现与满足,可促进交易成本的降低和体育经济运作效率的提高。

在优化体育产业结构方面,结构的变动是以市场价格作为信号的,经济主体根据决策机制来对分散决策进行制定,通过动力机制来更好地避免损失,提高利润,从而将实现机制作为核心实现利益进行横向转移。

具体来看,在"一带一路"倡议的实施背景下,体育产业的市场行为具有如下几方面优势。

（1）对于专业化生产,市场是保持肯定态度的,它是在市价信息的基础上对自身的作用进行发挥,这同政府的分配作用相比较来说更加占据优势。

（2）以市价作为基础而决出优胜者,这是对产出加以鼓励的最有效制度。

（3）市价没有租值耗散的浪费的竞争准则。

在"一带一路"倡议下,在体育产业发展的过程中,要加强体育产业结构的优化和调整,就要充分利用和发挥以上优势,实现科学化发展。

（二）政府行为

政府是对社会经济顺利运行进行宏观调控者,它主要是通过国家计划来发挥相应的作用,以更好地促使体育资源和体育产品的供给与需求处在一个平衡的状态。政府干预经济活动、促进资源优化配置、推动体育产业发展的主要手段是经济杠杆、产业政策。在优化体育产业结构的过程中,政府要根据现有产业的结构状况来对产业结构的变动进行预测,将经济发展的总目标作为出发点,通过纵向等级层次来向经济主体发送计划指令,以更好地调整部门间的供求格局。

一般来说,政府是以整个国家作为背景来对体育产业的发展方向、规模、速度、重点等进行确定,为国家体育产业的总体发展勾画大致的轮廓。

政府宏观调控的优势主要从以下两个方面体现出来。

（1）政府作为组织主要是针对全体成员的。

（2）政府所具有的强制力是其他经济组织所不具备的,市场的有效配置如果脱离了政府的干预是很难实现的。

二、体育产业结构优化的抉择依据

（一）市场失灵与政府失灵

作为一个新兴产业,体育产业在发展的过程中纳入了政府和市场两个因素,通过对政府和市场关系的变迁进行观察可知,市场并不是万能的存在,它也存在着自身难以克服的种种缺陷;同样,政府自身的行为也存在着内在的局限。体育产业结构的演进中也存在市场失灵和政府失灵。

在发达国家市场机制比较完善的现实经济中,由于市场中存在着"市场失灵"问题,如信息性失灵、外部性失灵、垄断性失灵、公共性失灵等"市场失灵",需要政府对资源加以有效的配置。我国是直接从封建农耕经济改造建立起社会主义高度集中的计划经济,再转变为建立社会主义市场经济体制。在这种特殊的转型下,我国的市场机制还不完善。通过纵观我国体育产业产业化和市场化的运作过程可知,虽然获得了让世人瞩目的成绩,但产业组织之间的发展呈现出了不协调,体育产业核心产业的发展滞后于体育相关及外围产业的发展,群众体育的发展滞后于竞技体育发展。正是由于不完善的市场机制,使得市场所具有的很多功能难以很好地发挥出,从而造成了更高程度和更大范围的市场失灵。近年来,政府之所以以直接投资或是政府购买公共服务的形式,加大体育基本公共服务体系建设力度,恰恰体现了部分体育产品的公共物品属性。老百姓的基本体育服务需求,仅仅靠市场机制无法满足,会使该类公共物品的提供量低于与资源最优配置状态相适应的供给量,这一部分应由政府提供。

政府失灵指的是政府以"市场失灵"为理由对经济进行干预的结果,劣于让市场本身解决问题的结果。公共选择理论在西方国家得以兴起,这一理论对市场国家中政府的决策问题进行专门分析,政府的宏观调控就是在经济系统外部的控制参量好坏的基础上得以建立起来的。而外部控制参量的好坏都是人为的,也就是说,全部都是由一个政府的好坏来决定。

政府宏观调控的好坏主要是由以下两个基本条件决定的。

第一个条件是"全息性"条件,也就是说国家对全社会的所有经济活动信息进行掌握。

第二个条件是"全盖性"条件,也就是国家能够完全代表所有人民的利益。

事实上,计划所依赖的以上两个基本条件都是很难达到的。

仅仅指出存在"市场失灵"问题,并不是推行产业政策的充足理由,还必须考虑推行产业政策可能导致的"政府失灵"问题。正是因为存在着市场失灵和政府失灵,使得政府调控同市场机制之间的博弈成为一种可能(见图4-1)。政府同市场的博弈关系已经能够将体育产业发展的各个过程很好地显现出来。根据博弈论来对政府同市场的运作机制进行探究,对于体育产业结构的优化有着非常重要的现实意义。

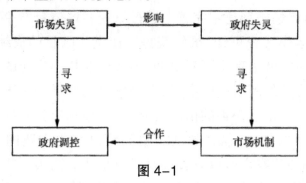

图4-1

（二）市场行为与政府行为的博弈

1. 博弈的要素

针对一个具体的博弈问题进行完整的描述,需要对下列三个要素进行规定。

（1）博弈的参与者

所谓博弈的参与者是指在博弈过程中参与其中的直接当事人。对一个博弈问题进行完整的描述,需要对参与博弈的局中人进行确定,在博弈中,局中人是理性的,在对所要采取的行动进行选择时,需要将自己所获效用的最大化或收益的最大化作为准则。

在调整体育产业结构中,政府和企业是博弈的主要参与者。

（2）博弈方的行动策略

所谓博弈方可采取的行动,是指局中人在博弈中所有可能选择行为的集合。

在优化体育产业结构方面,政府和市场之间的博弈,主要是由双方力量的强弱对比决定的,从而构成了四种不同的模式(见表4-1)。所谓"强、弱"政府行为是指政府通过制度安排干预体育经济的一种能力;"强、弱"市场行为是指是否具有化解本身问题的能力。

（3）博弈方的得益

对应于各个局中人的每一组可能的决策选择，博弈都有一个结果来表示各个局中人在该策略组合下的所得和所失。在博弈中，所有参与其中的局中人都关心的一个东西就是得益。对博弈问题进行完整的描述，就必须要对得益作出相应的规定。

表 4-1　政府与市场博弈的四种组合模式

政府行为		
市场行为	强—强	强—弱
弱—强	弱—弱	

2.博弈过程的动态分析

根据历史的发展过程，通过对新中国成立之后我国体育产业结构优化中政府和市场两种力量的对比分析，来对我国政府和市场之间的博弈的基本趋势进行审视。

政府和市场之间的博弈过程大致可以分为五个阶段，具体如下。

（1）政府统包统管阶段。

（2）市场初现端倪阶段。

（3）确定体育市场化阶段。

（4）2006—2014 年。《国民经济和社会发展第十一个五年规划纲要》在全国人大十届三次会议得以通过，这是对我国未来五年经济社会发展进行指导的重要的纲领性文件。同时，也提出了"发展体育事业和体育产业"，对未来五年体育事业和体育产业的发展蓝图进行了规划。这也是第一次将"体育事业"和"体育产业"作为两个独立的概念在国家发展规划中提出来，这是一个非常重大的突破，同时也给体育产业和体育事业的发展提供了非常重要的发展机遇，政府和市场之间的博弈也得以真正展开。2008 年 6 月 18 日，《体育及相关产业分类（试行）》由国家统计局和国家体育总局正式颁布，这是我国体育产业第一个具有约束力的国家统计标准，同时也标志着我国体育产业体系得以形成并逐步走向完善。

（5）2014年至今。2014年10月20日，《关于加快发展体育产业促进体育消费的若干意见》（以下简称《意见》）由国务院正式发布，它将全民健身作为一个国家战略提出，其目的就是要促使体育产业加快发展，更好地促进体育消费。各省市政府也在积极出台贯彻落实该意见的实施方案，可以说我国的体育产业迎来了一个崭新的时代，这将大大推进体育产业的市场化进程。

三、体育产业结构优化的调整策略

（一）市场行为与政府行为的耦合

在政府与市场间的选择并不是纯粹的非此即彼的选择。在优化体育产业结构中，政府和市场的互补并不能自动实现，而是要借助于政府力量才能得以实现，只有如此才能利用对方的力量来将自身存在的缺陷克服，只有使两者耦合，才能获得更好的经济效果（见图4-2）。在充分发挥市场激励约束机制和市场配置资源的基础性作用的同时，我们更要强调政府在某些领域的合理介入甚至强化。2006年，《体育事业"十一五"规划》，也旗帜鲜明地指出："明确政府在发展体育事业中的基本责任，强化政府的政策规划和公共服务职能，充分调动社会各界兴办体育事业的积极性"，"强化体育行政部门制定发展规划、加强宏观调控、完善规章制度、提供公共服务、维护行业秩序的职能"。

对体育产业结构演进升级的体制条件进行完善，首先要对完善的市场运行机制进行建立，主要要求资源能够得到充分的流动，市场供求信号是真实和完备的。

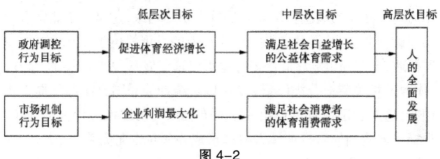

图4-2

1. 资源的充分流动

产业结构合理演化是通过社会资源的配置或再配置来完成的。市场协调方式的变换算子——价格机制要求社会资源能根据供求关系，不断地从资源配置紧缺的产业流向资源配置相对过剩的产业，任何制约或阻碍资源流动的制度，都将影响到社会资源的优化配置，从而影响到产业结构的演进过程。

2. 真实的市场供求信号

真实的市场供求信号，恰如给控制协调系统的控制器增加了制导装置，使其所决定的变换算子更符合现实。而当市场供求信号失真时，企业或产业部门依据其做出的资源决策将发生偏差。如在泡沫经济时期，"繁荣"造就了虚假的需求，而这一"需求"又引导企业投资。随着泡沫的破灭，企业的投资转换为过剩的生产能力，导致了社会资源的极大浪费。

同时，完善的市场机制的建立有赖于一个有效的政府，有效的政府所制定规则应是公平和公正的，是不应受到政府自身利益影响的。政府应成为一个权威性的产业发展规划制定和协调控制的机构。这一"权威性"应靠规划本身的正确和科学性。

此外，产业部门、企业应有充分的自主地位，即应保证企业拥有完整的自主权，企业可根据自身的利益，在价格机制的引导下，决定投资的方向，给企业充分的投资自主权，也是保证产业结构演化升级的重要前提。

（二）市场既排斥政府，又需要政府规范

在市场经济条件下，体育产业经营的企业作为独立的利益主体，它是自负盈亏、自主经营、自我约束、自我发展的，根据其内在的市场逻辑运行，能够实现体育产业的快速发展，但从本质上是对政府进行排斥的。然而，霍奇逊认为："一个纯粹的市场体系是行不通的，必定渗透着国家的规章条例和干预，市场通过制度网发挥作用。"就目前来说，我国市场机制发育得还不够成熟，很多问题需要市场解决,但体育市场尚未能够解决。

其一,在体育市场中存在的违规经营的问题。

体育市场存在违规经营问题,在接受体育博览记者采访时,中体产业集团有限公司董事长魏纪中先生谈道:"中国体育产业目前面临的最主要问题就是资源垄断",这就容易造成恶意竞争,像各运动项目管理中心对联赛冠名权的销售等,给处于市场转型期的我国并不成熟的市场机制雪上加霜。

其二,某些体育产品的公共产品属性决定了体育市场既要讲经济效益,又要讲社会效益,不能以牺牲社会效益为代价单纯追求经济效益;也决定了市场机制在调节产品的供给和需求时并不完全有效,单纯依靠市场的调节是远远不够的。

其三,从诞生开始,体育便同科技保持着紧密的联系,在这些年的竞争过程中,表现得更为突出。"科技奥运"理念的提出与实施,也是顺应时代发展的潮流。科技在场馆建设、运动器材、训练方法等众多领域的决定性作用已取得共识。但是在市场经济中,虽然主体是企业,追求利润最大化是企业生产和经营的主要目的,但不会主动承担那些风险高、耗资大、见效慢的重大科技问题研究。

目前,从我国体育企业的发展现状来看,尚不允许企业拿出钱、企业也不会拿出钱来进行科技攻关,这只能由政府买单。由此可见,一只手不能包治百病,政府的调控也必然会成为市场的必要补充。

（三）政府既干预市场,又需要放开市场

政府干预能够对市场失灵进行弥补,更好地促进体育产业结构得以升级和优化,但如果政府干预过多、过细,就会对体育产业经营者的手脚产生束缚,对体育市场的培育和发展造成阻碍。如果政府过多地直接干预,就造成政府失灵问题的出现。在我国,由于政府性的惯性,仍存在将政府干预扩大化,甚至将政策干预演变为行政垄断和地方保护,从而损害市场配置效率的现象。

政府盲目地过度干涉,会使市场机制发生扭曲,出现盲目重复建设和发展的不可持续性等问题。在对体育场馆进行投资建设方面,政府有时会因为信息不够充分难以避免对发展态势作出错误的判断,导致体育场馆数量不足,但相对来说又有限制浪费的局面。

在体育产业发展中,完善的市场机制以及有效的政府是"两只手"的博弈。作为"看得见的手",政府能够对体育产业的发展施加影响,而作为"看不见的手",市场可以通过体育产品以及生产要素的交易活动来对市场机制进行完善,政府作为对体育产业的发展施加影响,而市场通过体育产品和生产要素的交易活动完善市场机制,形成一种动态平衡的关系,最终达到和谐平衡的价值取向。

四、推动我国体育产业结构优化的对策

在"一带一路"倡议下,加强与沿线国家或地区的沟通与交流是尤为必要的,各地区在互通有无的过程中能得到进一步发展,对于体育产业而言也能推动体育产业结构的改进和优化。

(一)明晰体育事业与体育产业的关系

《国民经济和社会发展第十二个五年规划纲要》第十篇第四十四章首次以"繁荣发展文化事业和文化产业"为题,提出:"坚持一手抓公益性文化事业、一手抓经营性文化产业,始终把社会效益放在首位,实现经济效益和社会效益有机统一。"[①]这对文化事业、文化产业的内涵及外延进行了明确,对促进文化事业的繁荣和推动文化产业的协调发展指明了科学的路径与方向。

当前,理论界的一些学者没有明确体育事业与体育产业的概念及区别,将二者混为一谈,一些体育部门的领导更是如此。针对这一情况,要优化升级体育产业结构,首先必须对体育产业及

---

① 刘远祥.体育产业结构优化研究[M].济南:山东大学出版社,2015.

体育事业的概念与关系进行明确,并了解二者在生产目的、资本来源、服务对象、运营机制、调控方法等方面的不同之处,既不能因为发展体育事业而使体育产业的市场化发展受到制约,也不能因为发展体育产业而使体育事业的发展走向庸俗。从体育产业的发展实践中可以发现,体育的发展不但能够为国家带来荣誉,为人民提供服务,还可以给国家带来经济价值与利益。所以,应该对体育事业和体育产业的关系及区别加以明确,并对体育产业发展带来的效益进行充分的认识,如刺激消费、促进经济结构的优化、推动国民经济的发展等。

（二）对体育产业主导产业审慎选择

在对体育产业政策进行制定时,充分发挥政府的选择引导作用,并通过市场运作、科学规划来对体育主导产业进行谨慎选择。一般将体育主导产业定位为健身娱乐业、竞赛表演业、体育培训业,政府要重点对这些产业的发展予以政策扶持,促进其快速发展。优化这些体育产业结构,可以使各个产业之间的发展产生密切的联系,使其互为基础、相互依托。通过发展这些主导产业,可以起到如下几方面的效果。

首先,发展主导产业,能够拉动其他相关体育产业的发展,如体育用品制造业、销售业等,进而使体育主导产业的回顾效应得到充分的发挥。

其次,发展主导产业,能够推动体育场馆经营、体育组织、体育传媒、体育彩票、体育中介的发展,进而促进体育主导产业前瞻效应的充分发挥。

最后,发展主导产业,能够促进周边餐饮、会展、旅游、通信、房产等行业的发展,进而促进体育主导产业旁侧效应的充分发挥。

作为体育产业的主导产业,体育竞赛表演、体育健身娱乐、体育技能培训不但扩散效应较强,而且结构转换效应也较为突出,能够相互依托、相互促进。随着生活水平的提高,人们的健身意识与观念逐渐增强,对体育的需求也日益多元,并通过参与体育技能培训来对体育活动技能进行掌握,这就能够对体育健身娱乐业的发展起到一定的推动作用。人们在参与体育运动的过程中,也会关注一些自己喜欢项目的赛事,这又能够推动体育竞赛表演业的快速发展。同样的道理,人们关注自己喜欢项目的赛事后,对该项目的兴趣也更加提高了,而且产生了学习该项目技能的强烈要求,并通过参与技能培训来获得技能,这对体育技能培训业、体育健身娱乐业的发展同样具有积极的促进作用(见图4-3)。

体育技能培训业、健身娱乐业、竞赛表演业作为体育产业的核心产业,能够发挥关联链式效应,对体育产业行业的整体发展产生一定的拉动效能。这些产业的发展对中间需求的扩张又会产生强有力的刺激作用,如推动大型体育赛事的举办,促进城市体育设施建设,城市基础设施建设对于城市整体功能的扩展也有积极的影响。此外,体育核心产业的发展也能够促进人们体育价值意识与观念的强化,意识与观念的发展能够有效地促进实践的发展,体育经济增长与体育产业结构的优化也有了很大的希望。

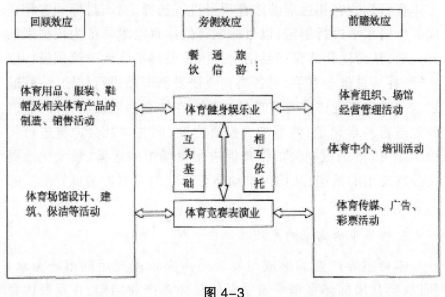

图4-3

（三）大力促进体育主导产业的发展

1. 增加社会先行资本和投资率

为了使体育主导产业能够充分发挥自身的扩散效应,需要大幅地进行社会先行改变,即为体育产业结构的升级积累一定的社会先行资本。要促进生产性投资率的提高,促进积累在国民收入中比例的提高,最好可以超过10%。体育主导产业之所以能够形成,其先导和基础就是投资,投资在体育产业结构优化中发挥着一定的导向功能。

发展体育产业,要依托体育公共产品和服务,因此政府要加大力度来建设体育产品与体育服务,通过对多元体育产品的提供,来促进有效供给的不断丰富,从而对有效需求进行激活,使大众消费需求得以满足。此外,还应以消费者的需求差别为依据来细分体育产品市场,并在此基础上对目标市场加以选择,进而对与体育目标顾客相适应的体育项目进行选择,对与目标顾客相适应的价格水平进行制定,以目标顾客的体育需求特征为依据来展开促销,从而优化体育产品结构。国家要对扩张性政策积极加以实行,并从总量上着手,对各类企业研发新产品进行鼓励,使其通过这一措施来促进体育需求的增加。在体育基础设施方面,政府要先进行科学论证,然后加大投资力度,同时对社会力量进行积极组织,以市场机制为依据来促进闲置场馆的运营,最大化地提高公共支出的效应,从而为推动体育产业的发展创造良好的基础条件。

2. 确保市场需求的充足性

体育主导产业的形成与发展还需要依赖充足的市场需求。所以,要从增加体育消费着手来优化体育产业结构,在发展体育经济的过程中,要将扩大体育消费作为一个重要的拉动力量。应对体育发展战略进行大力调整,将群众体育与竞技体育的关系协调好,从政策与资金上大力扶持群众体育的发展,对健康的体育生活方式加以积极引导；促进与群众消费能力相适应的准经营性体育项目的大力发展，将公共场地和学校、企事业单位的体育设施有偿地向社会开放，对低成本的体育指导中心、健身俱乐部等进行建立。扩大市场需求具体从以下几方面着手。

（1）对各类体育市场积极开发

要以对潜在消费需要的识别为基础，重点通过培育、引导等方法来对表4-2中的体育健身娱乐市场进行开发。

表4-2 需要开发的体育市场[①]

体育市场	目标对象	开发项目及产品
青春美容健身娱乐市场	男女青壮年	以健美、减肥、形体训练为主的参与型体育健身娱乐产品
银发健身市场	中老年	康复咨询、气功养身、运动处方等康复型、保健型的体育健身娱乐产品
多功能高档体育健身娱乐市场	高收入阶层	为健身、休闲、娱乐、公关及商务活动等提供服务，开发高尔夫、网球、保龄球俱乐部等项目及产品
娱乐性体育健身娱乐市场	现代都市居民	满足回归大自然、欢度闲暇的需求，开发休闲型、趣味性较强的自然体育项目
竞赛表演市场	竞技体育爱好者	发展球迷经济、赛事经济，扩大需求，如足球竞赛、篮球竞赛等
体育培训市场	青少年	游泳、羽毛球、跆拳道、轮滑等项目

（2）适应各类体育市场

业界内人士以消费者的需求差别为依据细分总体市场，进而对适宜的目标市场、体育项目进行选择，对价格水平进行合理制定，积极开展促销活动。

（3）转变居民消费观念

对人们的经济预期进行正确引导，促进边际消费倾向的增加，通过深化改革使未来的不确定性降低，对风险加以规避，这有利于促进即期消费进一步扩大。体育消费不是说要投入多少资金来进行消费，关键是要对居民的体育消费观念与意识进行引

---

① 刘远祥.体育产业结构优化研究[M].济南：山东大学出版社，2015.

导,使居民建立"花钱买健康"的思想,在此基础上对"体育,让生活更美好"这一新主题进行确立,对健身就是素质、品位、发展机会、生活质量"等新观念进行树立。在对居民体育消费观念进行引导的过程中,要加强对居民体育消费动机的激发。通过促进最终消费需求的增长来对中间需求进行拉动,从而有力地发展体育主导产业。

3.进行配套制度改革

我国经济体制从很大程度上影响了体育产业结构的形成。在此基础上,要真正转变经济增长方式,优化产业结构,关键是要对可以有效对这种转变加以支持的制度基础进行建立。可以说,产业结构的优化升级能否实现,关键取决于相应制度基础的建立,发展中国家是否能够实现后发优势也要看能否建立合理的制度基础。这就要求我们要转变政府职能,促进社会主义市场经济体制的不断完善,对有限和有效政府加以建立。政府方面的工作是否顺利落实直接决定了产业结构的优化情况。政府的工作具体从以下几方面开展。

首先,从宏观来看,体育资源配置离不开市场主导作用的发挥,在此基础上,政府要转变管理体育产业的方式,对宏观调控手段加以改进,体育行政部门避免直接干预体育产业开发和体育市场经营活动,而且政府不可限制和垄断体育市场资源。

其次,政府要促进体育产业发展战略规划的进一步强化,对能够对体育产业发展起到引导和鼓励效用的政策法规进行制定,促进体育产业的优化发展。而且,在将成本意识、激励机制、竞争机制引入体育产业的过程中,政府要充分发挥引导作用。对于体育核心产业(健身休闲服务业、竞赛表演业等),政府要进行重点培育,促进主导产业拉动及延伸效应的积极发挥,从而使相关产业也能够受益。

再次,为了促进体育关联产业(如体育中介、培训、用品、建筑等产业)的发展,对以市场为龙头、需求为导向、效益为核心的体育产业分布结构进行建立,促进门类齐全、布局合理的体育产业发展格局的形成,政府要对市场支撑体系加以积极的建立,既要对与市场经济要求相符的交易与管理规则进行制定,又要对体育产业体制改革试点加以推动,从而促进体育产业化发展进程的不断加快,促进体育产业结构的逐步完善。

最后,我国市场经济体制还不完善,世界市场竞争非常激烈,在此背景下,作为朝阳产业的体育产业很难顺利发展。发展体育产业,优化体育产业结构,离不开政府的支持与保护,但如果政府强行进行行政干预,必然也会影响体育产业的发展。政府要从政策与资金上大力扶持体育产业主导产业的发展,先通过税收优惠政策来扶持重点发展或优先发展的领域;在科技方面增加投入,促进科技成果在体育产业中适应性的提高。我国成功举办北京奥运会后,"科技奥运"理念的科学性便得到了证实,在此基础上,政府要促进技术创新体系的不断完善,鼓励对自主品牌和自主核心技术的创造,从而促进体育产业自主发展力的增强。此外,政府要大力规范与引导体育资产及体育产品的发展,以科学合理地调整体育产业结构。

4. 制定创新策略

制定创新策略主要从以下几方面来着手进行。

首先,要想尽快实现体育产业结构的优化,就必须对新的科技加以运用,通过自主创新能力的提高来调整产业结构。在优化体育产业结构的过程中,技术进步是主要推动力和有力的技术保障,利用新科技,可以使产业结构性矛盾问题得到有效的解决,可以促进体育产业结构的高度与合理发展。现阶段,我国在创造新科技时,需要促进投入总量的增加,对研发支出结构进行合理调整,促进科技研发资金使用率的提高。因此,我们要对扶持政策加以明确制定,大力实施品牌战略。对于大型体育企业,要鼓励其增加投入来研发新技术,从技术、产品及营销手段等方面实现全面的创新,促进我国体育用品业的自主创新能力的提高。

其次,将价值链尽量拉长,开展创新性的服务,具体从产品设计、品牌销售、供应链管理、售后服务等方面着手,以促进产品附加价值的提高和盈利的增加。

再次,大力建设体育用品标准体系,对体育产品质量监管和认证工作进行积极推行,促进我国体育产品在国际市场中竞争力的提高,对体育用品世界品牌进行全面打造。

最后,积极培养人才。我国体育产业的发展水平一定程度上取决于体育产业人力资源的数量与质量,因此,我们需要将对体育产业相关人才的培养重视起来,对与我国体育产业化发展需要相适应的高水平专业人才进行科学培养。

（四）对区域产业结构进行统筹优化

非均衡协调发展理论中提出了一种新的区域发展观,即在市场竞争、发展机会、享有发展成果方面实现全面的公平。这种新的区域发展观也是一种创新性的区域经济发展理论,其能够为我国区域体育经济发展策略的科学制定提供一定的理论指导。从这一新型理论出发,在对我国区域体育产业结构进行调整与优化时,需要重点从以下几方面着手。

1. 充分发挥市场与政府的作用

市场与政府是影响市场经济发展的"两只手",市场经济的发展离不开市场调节机制,也不能缺少政府的宏观调控。体育市场上各行为主体独立的、博弈的行为是优化体育产业结构的基础。优化区域产业结构同样需要"两只手"同时发挥作用,即有机结合市场调节和政府调控。发展区域体育产业,推动区域体育产业结构的优化升级,需要对市场价值规律加以遵循,加强对相应产业政策和措施的制定与实施,促进我国各区域体育产业结构的协调发展与优化升级。

2. 发挥区域间互补的整体优势和综合比较优势

我国是发展中国家,地域广袤,不同地区除了自然条件有很大的差异外,经济基础和体育发展也处于不同的水平。这就要求我们要以实际为依据,对区域体育产业结构进行合理的调整与规划,既要将不同区域的比较优势充分发挥出来,又要对各区域的竞争优势加以创造。具体从以下几方面着手。

首先,对各区域的优势资源进行充分的挖掘与利用,将地区优势资源与民族体育特点结合起来开发优势民族传统体育项目,对优先发展的产业部门进行合理的选择,通过优先发展优势产业来对其他体育产业的发展产生积极的影响,对体育产业的特有品牌进行打造,促进优势互补、各具特色的区域体育经济的形成,促进各区域体育产业市场竞争实力的增强。

其次,在西部重点发展体育旅游业,充分利用体育旅游资源,推动体育旅游这一核心产业的发展,进而发挥主导产业的辐射效应。

最后,对中西部体育产业基地建设予以扶持,将中西部地区的体育资源充分利用起来,对体育产业布局进行合理规划,促进竞争合力的形成和体育产业的快速发展,使不同区域间体育产业发展水平的差异逐步减小,实现协调发展的目标。

3. 加强对统一开放、竞争有序的区域市场体系的建立

我国城乡之间、区域之间在经济方面存在着很大的差距,对统一市场进行分割的体制障碍、对市场要素自由流动进行制约的体制障碍等是造成这些差距产生的主要原因。所以,我们要继续加大体制改革力度,对科学有效的区域发展政策进行制定,将区域间的分割状态逐步打破,将地区壁垒彻底消除,促进大市场调节机制的不断完善。在对效率最大化原则加以遵循的基础上,使各种生产要素在市场信号的指导下自由流动于不同区域,实现资源的合理配置。只有如此,各地区体育产业的发展才能趋于协调。

第五节 "一带一路"形势下我国体育产业结构评价指标体系的构建

在"一带一路"倡议下,为了促进我国体育产业结构的优化和调整,构建一个体育产业结构评价指标体系是尤为必要的。这能为体育产业结构的优化指明发展的目标,以便根据评价结果对体育产业结构做出具有针对性的调整,使体育产业结构更加科学化和合理化。

一、现有体育产业结构评价指标的局限性

(一)单一的产值构成指标无法将体育产业结构的现状充分反映出来

如果只是对单一的产值构成指标进行计算很难将体育产业结构复杂的现状反映出来,也很难对体育产业结构的研究和评价要求进行满足。

因为研究和评价体育产业结构,除了要考察诸行业的数量关系,更重要的是要研究各层次间纵、横向的相互联系和依存关系,以此来揭示体育产业结构的合理程度。而且,体育产业结构本身是纷繁复杂的社会经济系统的子系统,它涉及众多方面的内容,仅用一个指标是远远不能反映其全貌和实质的。

(二)单一的产值指标无法将体育产业结构的变动情况充分反映出来

就其本身来说,产值构成指标缺乏一定的科学性,它无法将体育产业结构变动的实际情况真实地反映出来。这主要体现在以下几个方面。

一方面用现价计算产值构成会受到价值等因素比较大的影响，价格的调整会使结构表述产生明显的变化。如此一来，根据不同的价格来对产值结构进行计算就不具有可比性。只是从数值方面的变化来对体育产业结构调整的幅度和水平进行说明是不全面的。

另一方面，我国目前还没有科学计算体育产业产值的方法和统计指标。

（三）单一的产值指标难以对体育产业结构的合理程度进行鉴别

因为同样的产值构成不是在所有地区都反映了同一的合理性。各行业部门之间产值分布的均衡与否不能绝对地反映体育产业结构的合理与否。仅以产值构成指标来衡量和表现产业结构，往往会使人认为，只要产业结构发生了有利于提高总产值的变化，便是合理的结构调整。这样与总产值没有直接关系的生态目标在一定程度上被忽视了，因而不能对产业结构的调整起积极的引导作用，并且仅凭产值构成指标不利于对不同地区间的体育产业结构进行比较。

二、体育产业结构评价指标体系构建的目标

合理化的体育产业结构是指，体育产业所包含各个行业之间的协调能力得以加强以及相互关联水平的不断提高，在不同行业中各类体育资源也都得到了较为合理的配置，每一种体育产品的供给结构都与其相应的需求结构相适应。

促使体育产业结构更加合理化，要根据当前社会经济的发展现状、发展水平和发展条件，对不合理的产业结构加以积极调整，以促使各类体育资源能够在各个不同的行业中得以合理配置和有效利用。

只有如此，才能达到相应的合理化要求，促使各个产业相互之间变得更加协调，也才能不断提高其结构的聚合质量，这样也才能更好地提高体育产业结构的整体效果。在经济方面能够获得不断增益效果的合理的体育产业结构,也就是说要促使生态效益、社会效益和经济效益达成统一。

上述这些都是体育产业结构研究最为主要的内容,同时也是建立和健全体育产业结构评价指标体系最为根本的出发点。

三、体育产业结构评价指标体系构建的要素

（一）评价对象

在体育产业结构研究中,其评价对象是体育产业结构。

（二）评价指标

为了对评价对象作出正确的综合性评价,就需要针对相应的指标体系进行设计,对于同一个评价目标,往往可以通过很多不同的评价指标体系反映出来。

（三）权重系数

权重系数能够很好地反映出目标实现过程中,某一指标所处的客观地位,同时也能够很好地说明各个指标同评价结构之间的确定关系,有着比较好的导向作用。通过群众能够将评价主体对评价指标的价值产生的认识程度很好地反映出来。换句话说,就是指标越重要,其权重就会越大,次要的指标所占的权重也会小一些,这也充分说明了权重是主客观进行相互结合所产生的结果。

（四）评价者

评价者是评价的主体,在整个评价过程中,对评价指标进行建立、确定评价的目的,确定权重系数,这些都同评价者有着非常

紧密的联系。

四、体育产业结构评价指标体系的构建

（一）评价指标选择的方法

1.初拟指标

针对评价对象，来确定适合的指标进行评价，能够更为真实、更为准确地将评价对象的各个侧面予以反映出来。对于体育产业结构评价来说，根据体育产业结构优化的具体内涵，并参照相关产业结构评价指标以及专家的建议，通过整理去除那些重复或类似的指标，来作为初步拟定的评价指标，这样能够降低主观随意性，提高评价结构的可信程度。

2.确定指标

通过采用特尔斐法来确定初选指标，根据相关会议以及专家问卷调查，来筛选所获得的结构，以对最终的指标进行确定。

（二）评价指标体系的建立

结合相关产业结构方面的现有评价指标以及有关专家的建议，分别提出了能够反映体育产业结构目的的 B1 和能够反映内外部环境适应性的 B2 两类指标，来对体育产业的结构进行分析和评价。

如图 4-4 所示，根据体育产业结构的具体实际，建立起三层体育产业结构评价指标体系，分别是目标层 A、准则层 B、指标层 C。以上三个层次之间是逐渐递进的。根据所选择的指标，采用特尔斐法来对这些指标的实用性和客观性进行验证。在图 4-4 中，这些指标都是体育产业结构构建评价指标体系的关键性因素，同时也是对体育产业结构是否合理进行评价的重要内容。

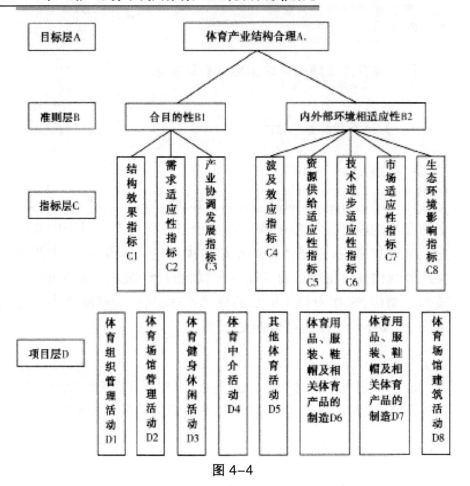

图 4-4

第五章 "一带一路"形势下我国体育产业政策的更新与完善研究

　　"十二五"以来,我国体育产业发展稳步推进,产业规模逐步扩大,产业结构不断优化,产业政策不断完善,产业市场不断成熟。特别是在"一带一路"形势下,我国体育产业得到快速发展。通过对我国体育产业政策的更新与完善研究,使我国体育产业在"一带一路"建设中获得跨越式迈进,助力"一带一路"发展建设,为我国体育产业的发展注入动力。本章深入探讨了我国体育产业政策的内涵和分类,分析了在"一带一路"形势下我国体育产业政策创新的路径,提出推动体育产业政策创新的策略。

第一节　体育产业政策概述

一、体育产业政策的内涵

　　当前,我国体育产业逐渐发展壮大,对体育产业政策的理解伴随着对产业政策的认识日趋深入,对体育产业政策内涵的界定仍然存在着不同的看法。20世纪90年代,国内一些学者借助产业政策的一般理论对体育产业政策进行了宏观领域的研究,认为体育产业政策是干预体育产业发展的一种经济政策。也有一些学者认为体育产业政策是国家为实现一定历史时期的体育产业路线而制定的行动准则。进入21世纪,体育产业政策的研究开发了一片新的天地,新学科和新理论被广泛借鉴到对体育产业政策的研究中去,一些学者开始关注影响体育产业政策的各种因素,同时研究领域也开始涉及微观政策工具。有的学者认为体育产业政策是一国政府为了体育产业的整体发展和长远利益而实施的以影响体育产业的结构、行为及其成果为直接目的的一种产业政策,主要包括体育产业结构政策、体育产业组织政策等在内的一系列政策体系的总和。有的学者提出影响体育经济政策的因素包括经济体制、国家意愿、利益集团和人民对体育的需求等因素。还有学者认为体育产业政策主要手段包括立法、税收和财政拨款等。

由此可见,体育产业政策由于研究角度、目的、方式的不同,尚没有统一的定义,但是综合起来,我们可以归纳总结出其中的共同点,体育产业政策的内涵既符合一般产业政策的概念,又能体现其特殊的政策目标、政策主体、政策依据和政策手段。根据这一基本原则,体育产业政策的内涵可以界定为:体育产业政策是根据体育产业自身的特点和发展规律,政府为实现社会经济和文化发展目标,运用多种经济手段和政策工具,规划、干预、引导体育产业的形成和发展的一种经济政策。

二、体育产业政策的分类

体育产业涵盖许多领域,对产业政策的科学分类关系到研究的科学性和系统性。20 世纪 90 年代有学者提出体育产业结构政策是体育产业政策的核心,并由其组织政策、区域政策等多种政策相配合。进入 21 世纪,一部分学者认识到不同类别体育产业结构之间的关系和地位是不同的。体育产业政策主要包括体育产业结构政策、体育产业组织政策、体育产业布局政策和体育产业技术政策。在此以后,不少学者也基本认可了这一分类方法。

三、体育产业政策对体育产业发展的影响

体育产业政策对体育产业发展的影响主要表现在以下几个

方面。

（一）有效配置体育产业资源

在市场经济环境下，市场机制并不是万能的，市场机制的局限性决定了对于提供公共物品和服务的企业、部门，在不完全竞争、垄断的环境下。价格机制并不能对相应的资源实现有效分配。然而产业政策可以有效地弥补市场机制的局限性，全面提高经济运行的效率。体育产业政策可以解决体育市场中失灵的部分，制定科学合理的体育产业政策，将体育产业政策和市场机制相结合，就能把市场缺陷所带来的产业效率损失减少到最低，推动体育产业朝既定目标发展。

（二）推进体育产业结构优化

体育产业政策对体育产业结构优化发展起到关键作用。体育产业各部门合理的比例分配，产业结构与需求结构的动态变化等都涉及资源在全社会的合理调配。政府可以站在宏观经济的高度，制定和完善有利于体育产业发展的产业政策，根据不断变化的市场供求关系，通过经济、行政和法律手段，调节社会资源在体育产业各部门间的合理分配，优化体育产业结构，调节体育产业各部门间的联结方式和量的比例关系。

（三）促进体育产业快速发展

发展中国家要想在较短时期内形成具有竞争力的体育产业规模和技术体系，就必须依靠体育产业政策的直接推动。如果仅仅依靠市场的自由调节，需要很长一段时间的资金积累，无法在短期内累计体育产业发展所需的条件，达到体育产业快速发展的目标。政府参与体育产业的发展，根据本国体育消费和体育市场的实际发育程度，制定符合本国国情的体育产业政策，规范市场秩序，有计划、有目的地推动体育产业快速发展。

（四）增强本国体育产业的国际竞争力

随着经济全球化不断推进,体育产业的全球化是当今体育产业发展的趋势。政府或体育管理部门可以通过制定体育产业全球化发展政策,增强本国体育产业的国际竞争力,促进本国体育产业在全球化进程中占领领先地位。

第二节 "一带一路"形势下我国体育产业结构政策

一、体育产业结构政策的内涵

体育产业结构是指体育产业内部各生产部门之间的技术经济联系和数量比例关系,不仅反映了各种体育产品和服务部门之间在生产技术上相互依赖、相互制约的关系,而且也反映了体育资源在各部门的配置情况和体育总产值的分布情况。

随着人民生活水平的不断提高和闲暇时间的增多,人们对体育产品的需求与日俱增,体育产业迅速发展,体育产业结构政策是指政府制定的干预体育产业内部资源配置以促进体育产业结构不断优化的相关政策。

二、体育产业结构政策的分类

体育产业结构政策可以分为体育核心行业政策、体育新兴行业政策和体育潜力行业政策。

（一）体育核心行业政策

体育核心行业的选择综合考虑国家体育产业发展的情况,根据核心产业的选择标准,能在体育产业内起到主导作用、选择产业关联度高、带动整个体育产业增长的行业作为体育核心行业。

在体育产业的发展中,体育核心行业包括竞赛表演业和健身休闲业。体育核心行业政策是体育产业结构政策的主导,推动了我国体育事业产业化发展。

1. 竞赛表演业

竞赛表演业具有广阔的市场前景,选择联系效应较大,它能对上、下游产业起到带动作用,进而推动整个体育产业的发展进步。比如,竞赛表演业为体育用品业提供市场,其生产活动需要体育服装、鞋帽、器材等,需要体育培训业为其提供竞赛表演人才,体育中介业的运作等,而竞赛表演业的产品必然成为体育培训业、体育传媒业的投入品。竞赛表演业是体育产业的龙头,它在体育产业内能起到承接作用,能带动整个体育产业增长。竞赛表演业巨大的市场需求、广泛的产业关联效应和可观的高生产率决定了其必然成为我国体育产业的核心行业。

2. 健身休闲业

健身休闲业在我国当前推动全民健身的热潮中市场前景广阔,在拓展体育消费领域、提高体育消费水平、满足群众健身需要方面起到积极作用。比如,健身休闲业为体育用品业提供市场,同时它又培养了人们的健身习惯,提高健身热情,对竞赛表演业、体育彩票业等具有促进作用。因此,健身休闲业也属于体育产业的核心行业。

(二)体育新兴行业政策

体育新兴行业是指在体育产业中起步较晚,但是发育相对成熟,具有巨大的市场潜力,同体育产业内其他行业的关联程度高,未来能够成为体育主导行业,带动整个体育产业的发展的新兴行业。体育新兴行业包括体育培训业和体育用品业。体育新兴行业政策是体育产业结构政策的辅助,为体育新兴行业的发展给予扶持。

1. 体育培训业

体育培训业是由体育竞赛表演业和健身休闲业催生而出的产业,产业关联度高,一方面体育培训业为竞赛表演业提供体育人才后备军;另一方面,健身休闲业为体育培训业创造巨大的市场前景。现阶段我国体育培训业的形式还仅限于各种体育运动学校、运动项目训练基地,没有形成完善的市场体系。随着我国竞技体育和群众体育的发展,大众健身休闲的意识增强。体育培训业具有巨大的市场潜力,生存运作效率提升空间很大,未来极有可能成为体育主导行业。

2. 体育用品业

体育用品业为竞赛表演业和健身休闲业提供巨大的市场需求,带动其进一步发展壮大,同时竞赛表演业和健身休闲业为体育用品业提供物质支持和保障。我国体育用品业虽然起步较晚,但是发展迅速,特别是运动服装业已经成为我国重要的出口创汇行业,运动服装不仅适用于竞赛表演,也可用于日常休闲,深受广大消费者的喜爱,市场前景广阔。体育用品业属于劳动密集型产业,我国劳动力资源充足,可以充分利用这一优势开拓海外市场,形成更大的产业规模。

（三）体育潜力行业政策

体育潜力行业是指在发达国家或地区发展已经成熟,但是在本国或地区发展相对滞后的行业,尚未形成竞争所必需的市场关系的行业,但从长期来看,这一行业发展潜力巨大,劳动生产率提高快,只是在目前没有明显优势,需要通过政策支持保护其发展壮大。体育潜力行业包括,体育中介业和体育彩票业。

1. 体育中介业

体育中介业连接着竞赛表演业和其他体育产业部门,随着体育产业的发展壮大,竞赛表演、健身休闲以及体育培训等相关市场发展强劲,越来越多的体育企业组织寻找与专业化的中介机构建立合作关系,委托中介机构经营代理业务。在这一时期,许多国外的体育中介组织进入我国体育中介市场,从资本、信息和管理上对我国体育中介市场形成垄断式经营的趋势。我国体育中介组织的发展相对滞后,正处于起步阶段,数量少,整体实力弱,短时间内难以与国外体育中介组织竞争。因此,在政策上应加大对体育中介业的保护。

2. 体育彩票业

体育彩票业是体育竞赛表演业和健身休闲业的衍生,属于体育金融业的范畴,它是融资、发展体育经济的重要手段,同时也向大众普及了体育观念,培养了体育兴趣,吸引人们参与体育活动。发达国家已把发行体育彩票作为扶植体育事业的有力支柱,但我国目前尚处于起步探索阶段,市场发展极不平衡,发行模式单一落后,发行成本高等问题都局限了体育彩票业的发展。根据我国国情和体育产业的发展现状,应制定和实施相关政策法规,为体育彩票业的发展保驾护航,拓宽我国体育事业集资、融资渠道。

三、国内外体育产业结构政策的制定

（一）国外体育产业结构政策的制定

发达国家的体育产业经过上百年的发展进步已经达到产业化的较高水平阶段,体育核心行业如竞赛表演业和健身休闲业的发展已经趋于成熟和相对完善,体育新兴行业如体育培训业和体育用品业处于飞速发展的时期。发达国家能够在较短时间内取得迅速发展,其重要原因是依靠政府对体育产业结构政策的支持作用,德国和意大利在这方面表现得尤为突出。

联邦德国政府在 20 世纪 70 年代就制定了一整套调整体育产业结构的政策,特别支持竞赛表演业和健身休闲业作为体育产业的核心行业快速发展,如对非营利性的俱乐部和协会实行减免

税,俱乐部可以免费或者以很低的价格使用体育场,从博彩中获得收益等。带动相关联行业协同发展,达到体育产业结构合理化和高度化的目标。

意大利体育管理体制的显著特点是政府不直接参与具体体育管理工作,而把体育管理责任交给专业化的体育团体——意大利奥委会来负责。意大利同样将竞赛表演业作为体育核心行业来发展,不过他们选择了与德国不同的政策手段,其中最重要的就是利用体育博彩和体育股票融资来支持竞赛表演业的发展。

(二)国内体育产业结构政策的制定

我国体育产业虽然起步晚,但是发展迅速,随着社会产业结构的调整,政府为了规范体育市场,促进体育产业结构的合理化和高度化,先后出台了一系列政策、法规,对体育产业相关行业部门的扶持和保护,做出了详细规定。

1. 以体育核心行业政策为主导

(1)大力发展竞赛表演业

1993年至2011年,我国体育相关部门共制定发布涉及体育竞赛表演业类的法规政策24部,在这些发布实施的政策中,以下政策发挥了积极作用,《关于培育体育市场、加速体育产业化进程的意见》《体育产业发展纲要(1995—2011年)》《关于进一步加强体育经营活动管理的通知》《全国体育竞赛管理办法(试行)》和《体育事业"十一五"规划》《体育事业"十二五"规划》等。

1993年召开的全国体委主任会议,通过了《国家体委关于深化体育改革的意见》,该意见提出要"加快运动项目协会实体化步伐,建立具有中国特色的协会制"。并明确表示:"开拓体育竞赛市场,加强竞赛管理。按照谁举办、谁出钱、谁受益的原则,拓宽竞赛渠道,扩大商业性、娱乐性、表演性比赛。"

1995年我国制定了《奥运争光计划(1994—2000)》,并在《体育产业发展纲要(1995—2010年)》中提出"应结合奥运争光计划的实施,立足体育竞赛体制的改革和运行机制的转换,积极引导和规范各类体育竞赛的经营活动,鼓励社会各界承办国内外高水平体育竞赛表演,使体育竞赛和表演朝产业化、社会化、法制化方向发展。"

（2）全面推进健身休闲业

自 1993 年 5 月 24 日发布《国家体委关于深化体育改革的意见》以来,涉及健身休闲业的法规政策一共出台了 22 部,其中1993 年至 2006 年颁布了 20 部,占所出台法规总数的 90% 以上。

1995 年 6 月 20 日国务院发布《全民健身计划纲要》,提出"体育部门要改善资金支出结构,逐步增加群众体育事业消费在预算中的支出比例。鼓励企、事业单位、社会团体、个人资助体育健身活动。提倡家庭和个人为体育健身投资,引导群众进行体育消费,拓宽体育消费领域,开发适应我国群众消费水平的体育健身、康复、娱乐等市场。"可以看出,政府将健身休闲业作为体育核心行业进行培育和指导。

2016 年国务院办公厅发布《关于加快发展健身休闲产业的指导意见》（国办发〔2016〕77 号）,强调充分挖掘和释放健身休闲产业的消费潜力,对于培育新的经济增长点、增强经济增长新动能具有重要意义。

《关于培育体育市场,加快体育产业化进程的意见》《全民健身计划纲要》《中小企业促进法》和《关于进一步改善中小企业金融服务的意见》等,这些政策在全面推进健身休闲业的发展中起到重要作用。前两者对健身休闲业市场在政策法规上给予了明确的定性与支持,吸引了大量投资者、企业、社会人员的关注,并引导社会资金向健身休闲业的流动。后两者对从事健身休闲业的企业出台了一些具体的优惠政策,更有利于促进其发展壮大。

2. 以体育新兴行业政策为补充

20 世纪 90 年代以来,国家体育行政管理部门发布直接鼓励或支持体育新兴行业的体育政策法规主要有《体育产业发展纲要

（1995—2010 年）》和国务院办公厅发布的《关于加快发展体育产业的指导意见》等。此外，"全民健身计划"系列法规政策的发布也间接地推动了体育新兴行业的发展。

以体育用品业为例，国家在政策层面给予体育用品生产和销售多重支持。1995 年，我国在《体育产业发展纲要（1995—2010年）》中指出："扶持体育用品的生产和经营，发展体育相关产业。体育行政部门要按照政事分开、政企分开的原则，加强对体育用品生产经营的宏观管理，推行体育经营许可证制度，重点扶持一批体育事业单位和经济实体开展体育用品的生产和经营。"

国家相关部门制定的《关于加强技术创新，发展高科技，实现产业化的决定》《关于鼓励和促进中小企业发展若干政策意见》和《关于鼓励和引导民间投资健康发展的若干意见》等文件对生产经营体育用品的企业起到了激励作用，也是对我国体育产业结构政策的补充。特别是体育用品的出口退税率从 1995 年的 9% 提高到 15%。

3. 以体育潜力行业政策为保障

由于体育潜力行业发展较为滞后，需要在政策上予以保护，为体育产业的均衡发展提供保障。以体育彩票业为例，政府赋予体育行政主管部门体育彩票补偿性财政政策，用以解决体育事业投入不足等问题。

自 1994—2006 年，我国共颁布 13 条法规条例，其中 1994 年国务院颁发了《国务院办公厅关于体育彩票等问题的复函》，批准国家体委在全国范围内发行体育彩票。同年出台了《1994—1995年度体育彩票发行管理办法》标志着我国体育彩票业正式进入规范化、制度化层面。此后又陆续出台了《体育彩票奖品组织管理暂行办法》《体育彩票公益金管理办法》《中国体育彩票全民健身工程管理暂行规定》。这些法律规范都在一定程度上促进了体育产业健康发展，为体育产业结构政策提供保障。

第三节 "一带一路"形势下我国体育产业组织政策

一、体育产业组织政策的内涵

体育产业组织是指市场经济条件下体育产业内企业与市场之间的相互关系,是产业内企业间竞争与垄断的关系。产业组织政策又被称为"公共政策",是指为了获得理想的市场效益,由政府制定的干预市场结构和市场行为,调节企业间关系的公共政策。体育产业组织政策是政府协调体育产业内企业间的相互关系,优化体育产业内资源的有效配置,实现体育资源的充分利用,从而推进体育产业发展的政策。

产业组织政策的实质是协调竞争与规模经济之间的矛盾,以维持正常的市场秩序,促进有效竞争态势的形成。体育产业组织政策是政府为优化体育产业内资源的合理配置,加强体育产业内企业间的联合,实现体育资源的有效利用,从而推进体育产业发展所采取的相关政策。

制定和运用体育产业组织政策可以有效地控制体育市场结构,规范体育企业的市场行为,维护市场秩序,促进技术进步,实现规模经济,从而提高体育产业的整体效益。

二、体育产业组织政策的分类

（一）体育产业市场结构政策

1.培养有竞争力的大型体育企业或企业集团

充分发挥市场配置资源的基础性作用和产业政策的导向作用,大力培育一批有竞争力的大型体育企业或企业集团,有效配置体育资源,提高体育产业整体运作水平和国际竞争力。

一方面,可以通过兼并与合并政策,使生产要素向优势企业集中,产生规模效益,提高体育产业组织化程度。促进落后产业的减少和新兴产业的壮大,优化产业结构。

另一方面,宏观指引体育企业的发展,推进体育企业改组改制,体育企业按照现代企业制度的要求,进行规范的公司制改革,具有竞争力的跨地区、跨行业、跨所有制和跨国经营的大型的体育企业集团。

2. 鼓励中小企业发展

中小企业是指相对大企业而言,资产规模、人员规模和经营规模都较小的企业,具有组织成本低,经营方式多样等优点,更能适应千变万化的市场环境和消费者的多元化需求。许多国家都制定了相应政策鼓励中小企业的发展,如税收优惠、金融协助等。我国先后出台《关于鼓励和促进中小企业发展若干政策意见》《关于鼓励和引导民间投资健康发展的若干意见》和《关于进一步激发民间有效投资活力促进经济持续健康发展的指导意见》等文件,扶持中小型体育企业发展,降低企业经营成本,优化营商环境。其中健身休闲业是重点对象,按照我国税法规定,文化体育业(台球、高尔夫球、保龄球除外)按3%的优惠税率征收营业税,小型体育场(馆)建设免征固定资产投资税。

(二)体育产业市场行为政策

1. 反垄断与"反垄断豁免"政策

在体育产业发达国家,反垄断法以及"反垄断豁免"已经成为促进体育产业发展的重要政策推动力量,不仅形成了较为完善的反垄断理论体系和实践体系,而且推动了职业体育的成熟和体育产业的发展。

反垄断政策是政府直接干预政策,主要采用立法的形式,主要依据反托拉斯法等。许多市场经济国家,都设有反垄断机关并确定具体反垄断政策的执行进程。反垄断政策主要包括:预防形成垄断性市场结构的政策;禁止和限制市场中竞争企业的联合定价、规定产量等行为;规制巨型企业滥用市场支配地位的行为。在体育产业中,健身休闲业和体育用品业都属于垄断竞争市场,需要运用反垄断政策。

为了维护美国职业体育联盟的权威,加强职业体育的宏观管理以及保证职业体育的整体利益,在美国职业体育中存在很多"反垄断"现象,如动态调整性反垄断豁免,职业体育联盟限制运动员自由流动的权利,电视转播权转让,俱乐部进入与退出都享受反垄断豁免权。美国体育产业中的反垄断政策有力地促进了体育产业的发展进步,对我国体育产业组织政策的制定提供更好的借鉴。

2. 反不正当竞争政策

不正当竞争是相对于正当竞争而言的,其本质是违反"诚实信用"原则和其他公认的商业道德相悖的行为,其后果损害了其他经营者与消费者的合法权益,扰乱了正常的经济秩序,是国家法律禁止的一种行为。1993年通过的《中华人民共和国反不正当竞争法》中,界定了不正当竞争行为的概念,指"经营者违反《中华人民共和国反不正当竞争法》的规定,损害其他经营者的合法权益,扰乱社会经济秩序的行为。"

(三)体育产业政府规制

政府规制又称政府管制,是指具有法律地位的、相对独立的政府规制者(机构),通过制定一定的规则,对被规制者(主要是企业)所采取的一系列行政监督与管理的行为。政府规制通过对市场失灵的治理来维持正当的市场经济秩序,限制垄断势力,优化市场资源配置。

政府规制的手段包括经济性监管和社会性监管。所谓经济性监管,是指通过制定产业的定价、融资以及信息发布等政策对企业行为进行有效的调整。而社会性监管,主要针对外部不经济和内部不经济,对产品和服务的质量以及伴随它们产生的各种活动制定的一定标准,禁止、限制特定行为的监督。

三、国内外体育产业组织政策的制定

（一）国外体育产业组织政策的制定

西方发达国家的体育产业化和市场化程度比较高,都非常重视通过制定体育产业组织政策来促进体育市场的规范化竞争。

美国政府对处理职业体育领域中反垄断和反垄断豁免的问题,做出了许多政策尝试。如美国明确职业体育联盟"联盟管理和市场竞争"的双重特性,允许联盟实施一定的限制竞争的管理手段等。《反垄断法》和《版权法》保证了职业运动队能够获得足够的球迷支持和市场空间,保持平稳的收益水平,明确了职业体育联盟的节目享有联邦政府的版权保护。

欧洲国家中英国、法国、德国、意大利等主张体育产业领域反垄断与行业协会的自由自治,但在发展过程中发现自治模式并不能满足产业发展需要,政府又逐渐开始注重加强产业化约束与调控（政府规制）,合理调配产业内部经济资源的存量构成和比例,适应产业动态变化中的供求关系。

德国的体育产业组织政策体系经过多年发展完善,形成了普通法律体系、政府规制和行业自律规制为一体的组织政策体系,德国法院对体育行会的决定及规则进行司法审查方面标准比较宽松,由于德国没有单独的体育法律,法院在处理体育案件时,适用的是普通的德国法律——德国民事诉讼法典。

（二）国内体育产业组织政策的制定

1. 反垄断政策

体育产业中存在行政垄断与自然垄断,反垄断是发展体育产

业的重要途径,但不可否认的是体育产业具有联盟和市场的双重属性,自然垄断在体育产业中具有积极意义。我国体育行业行政性垄断问题突出,是经济转型时期特有的现象,是行政权力直接介入经济,破坏正常经济秩序的集中反映。目前,在我国体育产业内部的竞赛表演业、体育传媒业等行业都属于垄断型行业,这些组织在缺乏竞争对手的市场环境中,控制市场,获取超额利润,浪费有限的体育资源,阻碍了我国体育产业的协调发展。为了构建良性竞争的体育市场环境,优化资源配置,政府管理部门应制定有效政策,控制、防止体育领域的行业垄断。制定反垄断相关法规内容时应注意以下几点。

(1)控制垄断的主要目标是反行政垄断行为。避免垄断行业过于集中,降低这些行业的进入壁垒。例如,体育用品业,应打破各种形式的进入壁垒、退出壁垒,消除新竞争者进入市场人为制造的障碍。还有,体育比赛电视转播报道权的分配问题,不能形成国家电视台的垄断,而应建立各地方电视台公平参与的竞争机制。

(2)建立具有高度独立性的体育产业反垄断执行机构。大部分体育行会内部的纠纷解决机制达不到仲裁机制的标准,执法部门随意介入体育纠纷影响体育行业的自治,因此,在反垄断机构的设置上,极有必要建立具有中立性、职业性特点的体育仲裁机构,解决体育行会内部的纠纷。

(3)注重对垄断行为的控制。在经济全球化、一体化的发展新时期,企业的竞争平台已经逐渐转入国外,我国体育产业发展刚起步,企业的竞争实力弱,市场规模小。为了提高体育企业的竞争力,我国反垄断政策应注重"盯住行为,放宽结构",判断发生垄断的标准,集中于是否存在操控市场的共谋行为,而不是企业拥有多大的市场份额。只要没有"行为嫌疑",就应尽可能放宽对企业规模及其拥有的产品市场的占有率。

2. 兼并政策

我国体育产业目前正处于快速发展的时期,全民健身运动的开展进一步促进了健身休闲业的发展,特别是体育用品业中体育运动服饰、体育运动器材等方面都取得了巨大进步。但我国体育产业的发展仍然存在着几个重要问题:企业规模太小,联合竞争力较弱;供需缺口大,市场发展滞后,产品单一,难以满足消费者多层次、多元化的需求;产业结构发展失衡,区域发展、项目发展、城乡发展都不平衡。

面对国外产品的不断涌入,我国本土体育行业将面临新的发展机遇和挑战,在这种情况下,通过兼并重组可以使一些企业尽快做大做强。一方面,通过兼并可以促进生产要素向优势企业集中,降低经营管理成本,产生规模经济效益和专业化协作效益,优化资源配置。另一方面,通过对体育产业上下游的并购重组,完善从研发、生产与销售到售后服务的一整套产业链,更有利于开拓市场。

3. 体育产业政府规制

当前我国正处于市场转型的关键时期,体育产业的发展需要政府规制。合理的政府规制可以有效地促进市场环境优化和体育产业主体的有效竞争,做大做强体育产业。国务院《关于加快发展体育产业促进体育消费的若干意见》中提出"到2025年基本建立布局合理、功能完善、门类齐全的体育产业体系,体育产品和服务更加丰富,市场机制不断完善,消费需求愈加旺盛,体育产业总规模超过5万亿元,成为推动经济社会持续发展的重要力量"。要实现这一目标,需要建立更加完善的政策法规体系,进一步打破地区封锁、部门分割和行政垄断,反对不正当竞争,保护生产者、经营者和消费者的合法权益。

第四节 "一带一路"形势下我国其他体育产业政策

一、体育产业布局政策

（一）体育产业布局政策的内涵

产业布局政策即产业空间配置格局的政策。这一政策主要解决如何利用生产的相对集中所引起的"积聚效益"，尽可能缩小由于各区域间经济活动的密度和产业结构不同所引起的地区经济发展不平衡。体育产业布局政策就是建立合理的地区间体育产业分工关系，政府或体育行政部门结合体育产业的经济特性，综合各地区实际情况，科学引导体育产业的空间配置。

（二）体育产业布局政策的制定

体育产业布局政策以规划为主，政府确定各地区体育产业的发展重点，其主要包括以下几个方面。

（1）制定国家体育产业战略布局。体育产业在我国还处于起步阶段，结合我国国情，满足体育市场的需求，根据区域产业结构调整的要求，对体育产业发展从战略布局上做出政策性的选择。

（2）提高健身休闲业在体育产业中的比重，凸显地方传统体育项目优势，构建以非公有制为主导，多种经济成分并存的体育产业发展格局。

（3）体育产业政策具有地区性。通过合理布局，打造各具特色的体育产业集聚区和产业带，有利于形成东、中、西部良性互动发展新格局。

2000年国家体育总局发布了《2001—2010年体育改革与发展纲要》，提出了"加入世界贸易组织（WTO）后，体育产业作为我国的新兴产业,面对扩大的市场准入和公开竞争的市场规则,必须审时度势,缜密规划,抓住机遇,加快发展。积极开辟海外体育市场"。体育产业发展的主要目标是"体育产业初具规模,体育产业增加值以较快速度增长;2010年达到国内生产总值1.5%左右;缩小我国体育产品与国外的差距,提高竞争力。"

2016年国家体育总局印发《体育产业发展"十三五"规划》,对我国体育产业发展做出总体布局,明确在"十三五"阶段体育产业发展要达到的目标:"体育产业总规模超过3万亿元;体育产业增加值在国内生产总值中的比重达1.0%;体育消费额占人均居民可支配收入比例超过2.5%。"另外还增添了对重点行业的定位和梳理。

二、体育产业技术政策

(一)体育产业技术政策的内涵

产业技术政策是指国家对产业技术发展实施指导、选择、促进与控制的政策的总和,产业技术的发展是科学技术转化成生产力的基本条件,产业技术政策就是以产业技术为直接政策对象,保障产业技术适度、有效地发展,推动产业快速发展。体育产业技术政策就是政府或体育行政部门为促进体育产业技术进步而制定的引导或影响产业技术开发和转移的产业政策。

(二)体育产业技术政策的制定

2001年国家体育总局经济司李敦厚等专家研究制定了体育场所等级的划分——《保龄球场馆星级的划分及评定》,并作为国家标准正式执行。2007年国家标准委《关于推进服务标准化试点工作的意见》(国标委农联〔2007〕7号),将体育标准化作为其试点的内容之一,提出"要以健身休闲、竞技表演和运动训练等体育活动为主要内容,制定实施体育场所开放条件、体育场馆等级划分和体育活动组织等服务标准,保证体育服务安全,提升体育服务质量水平,创造体育服务市场健康有序的竞争环境,推动群众体育和竞技体育协调发展。"2009 年全国体育标准化技术委员会成立,通过了《全国体育标准化技术委员会章程》和《第一届全国体育标准化技术委员会工作计划》。2014 年由国家体育总局推荐,中国体育用品业联合会牵头组建公共体育设施产业技术创新战略联盟,旨在提高公共体育设施产业自主创新能力。

三、体育产业投融资政策

(一)体育产业投融资政策的内涵

发达国家体育产业发展的实践证明,促进体育产业发展的重要手段是拓展投融资渠道,如美国利用联邦政府资金支持体育场馆建设;意大利利用体育博彩和体育股票融资支持竞赛表演业发展。体育产业投融资政策就是政府为促进体育产业发展而制定的规范和丰富体育产业投融资渠道的政策。

(二)体育产业投融资政策的制定

2003 年国务院通过《公共文化体育设施条例》,并提出了"各级人民政府举办的公共文化体育设施的建设、维修、管理资金,应当列入本级人民政府基本建设投资计划和财政预算。国家鼓励企业、事业单位、社会团体和个人等社会力量举办公共文化体育设施"。2005 年 2 月《国务院关于鼓励支持和引导个体私营等非公有制经济发展的若干意见》(国发〔2005〕3 号),降低了非公有制经济市场准入标准,允许非公有资本进入文化、体育等社会事业的非营利性和营利性领域。2005 年《国务院关于非公有资本进入文化产业的若干决定》(国发〔2005〕10 号)放宽了对非公有制资本的限制,允许非公有资本投资参股体育节目制作领域的国有文化企业。

党的十八大以来,以习近平同志为核心的党中央高度重视关心体育工作,亲自谋划推动体育事业改革发展,将全民健身上升为国家战略,引导各类市场主体在服务全民健身中发展壮大,激发民间资本投资体育的活力,实施"体育+"行动,推动体育与相关行业融合发展。

2017年国务院办公厅发布的《关于进一步激发民间有效投资活力促进经济持续健康发展的指导意见》(国办发〔2017〕79号),提出深入推进"放管服"改革,不断优化营商环境;鼓励民间资本参与政府和社会资本合作(PPP)项目,促进基础设施和公共事业建设;努力破解融资难题,为民间资本提供多样化融资服务。

第五节 "一带一路"形势下我国体育产业政策创新的路径与策略

"一带一路"倡议的发布与实施给我国体育产业的发展带来了新的机遇和挑战,在这样的时代背景下,结合"一带一路"倡议,加强体育产业政策的创新就显得势在必行。

一、我国体育产业政策创新的路径

2014年11月,习近平主席在"加强互联互通伙伴关系对话会"上,明确提出推进"一带一路"务实合作与共建发展命运共同体,表明"一带一路"布局规划蓝图及其实施条件已经成熟。2015年3月,习近平在海南博鳌亚洲论坛上进一步阐述了中国积极推动亚洲和世界范围地区合作的观点,国家发改委、外交部、商务部联合发布了《推动共建丝绸之路经济带和21世纪海上丝绸之路的远景与行动》,这标志着我国从2013年开始基于国际区域经济愿景规划的发展思路已经上升为一种国家经济发展战略。作为世界上最长也最具活力的经济带,"一带一路"为中国体育产业政策的创新拓展了新的路径。

如图 5-1 所示,我国体育产业政策创新的路径可以具体划分为三个阶段,整体路径、细分路径和推动路径。整体路径是强制性、诱致性与渐进性创新方式的有机结合;细分路径从时间角度划分为初期路径与后期路径,后期路径中诱致性因素起关键作用;推动路径是从观念转变上形成推动政策创新的途径。

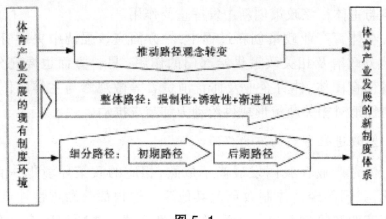

图 5-1

（一）整体路径

体育产业政策创新是一种整体政策的变迁过程,是针对体育产业发展需求而进行的政策创新,另外,强制性因素、诱致性因素在体育产业发展的过程中都客观存在。例如,宏观上政府作为强制性因素的代表与体育微观主体的诱致性因素间一直都存在相互影响、相互作用的关系,两种类型的因素在不同时期所起到的作用有所区别。在体育产业政策创新中对于强制性因素和诱致性因素都需要给予重视。结合我国政治、社会、经济环境的实际情况,我国经济运行机制需要以渐进式变迁方式为基础。因此,体育产业政策创新的整体路径是强制性、诱致性与渐进式创新方式的有机结合。

1.强制性因素与诱致性因素互为补充

强制性因素具体指中央政府、各级地方政府和相关制度供给部门,政府管理体制的创新,政策环境的改善是推动体育产业发展的基本前提,是政策创新的关键性因素。例如,对于体育产业发展所需的各项政策,中央政府及体育相关部门是主要供给主体,也决定了该政策创新的进程。

诱致性因素是指在原有政策实施中无法获得利益机会的相关因素。体育产业政策创新过程中,逐渐形成诱致性因素,推动各参与主体在该政策创新中发挥重要作用。

在体育产业政策创新过程中,一方面应该强调中央政府、各级地方政府及相关政策供给部门的作用;另一方面也要充分发挥各体育团体、体育企业及体育消费者等微观参与主体的作用,针对性地对相关政策形成供给动力和需求推动。

2. 渐进性方式的有力保障

体育产业在我国发展尚不成熟,相应的政策环境也一直在变化,我国的经济体制改革及其他改革过程都是渐进性地进行,体育产业政策创新更适于选择渐进性方式。主要原因有三个方面:第一,在政策的逐渐创新中,渐进性能够协调好体育产业中各参与主体的利益冲突;第二,渐进性是体育产业发展所需各种政策创新有效进行的时间保障;第三,在体育产业发展处于起步阶段,特别是当我国体育产业与国外体育产业发展存在较大差距时,对所需的政策创新极为迫切,政策供给的过程会遇到较大困境,为了顺利保障体育产业政策创新,采取渐进式的变迁方式是有力保障。意识形态的改变关系到体育产业发展的方向指引,人们转化对体育产业发展的观念需要时间,需要环境支撑,因此渐进式的变迁是符合体育产业发展的客观条件与现实特征的有效变迁方式。

（二）细分路径

细分路径是按照体育产业发展对政策创新不同时期的需求,在整体路径的前提下,形成两种子路径:初期路径指从现有体育产业发展的政策环境到所需政策创新的前期;后期路径指体育产业发展所需政策体系从基本建成到日益完善。

1. 初期路径

初期路径非常关键,直接关系到体育产业政策创新。初期路径需要考虑很多因素包括:现有体育产业政策所面临的约束;体育产业全面发展所需政策创新的需求等。事实上,初期路径的设计直接关系到体育产业政策创新的进程,初期路径需要结合参与主体的认定、政策创新方式的确立以及与客观环境的有机融合。

初期路径中,强制性创新是核心,必须要在中央政府及相关部门的主导下才能完成体育产业发展所需政策的创新,其中包括所需政策的构建、所需政策供给主体和供给方式的的确定。目前我国体育产业发展中,由于国家体育总局是体育产业发展现有政策的直接获益者,因此由其作为主要政策的供给主体,并没有很强的能动作用,而需要从更高的行政角度完成初期的政策创新。中央政府将是突破,由中央政府出面进行体育产业政策的创新设计将使效果更突出。

初期路径还需要明确判断中央政府在体育产业政策创新中能否发挥强制性参与主体的作用。从现实情况看,中央政府对体育产业的发展一直以来都非常重视,这也是我国体育产业从起跑者逐步发展为领跑者的重要原因。在发达国家,体育产业对国民经济的贡献率较为显著,体育产业增加值占 GDP 比重一般达到 1% ~ 3%,而我国体育产业增加值离占 GDP 的 1% 的目标尚有显著差距,还有巨大的发展空间。因此从可行性角度,中央政府为了促进体育产业发展,在政策创新初期存在选择强制性变迁方式的可行性

2. 后期路径

后期路径是在初期路径完成后的一种完善性路径,此时的体育产业已经建立所需的政策体系,但此时政策体系对体育产业发展的支撑性作用还没有达到最好。具体原因包括两个方面:第一,体育产业发展是动态的过程,在不同时期,所对应的政策体系

不同;第二,经过初期建立的政策体系,是渐进性的,对利益主体的利益再分配还需要完善。因此,后期路径是对初期路径的补充与完善。

设计体育产业发展的后期路径是为了更好地推动体育产业政策创新,在后期政策创新路径中,诱致性因素将起到关键作用,此时的体育产业政策已确定了创新的方向,此时诱致性因素将起到关键作用。这种作用具体包括对体育产业政策创新设计的细节性需求;对地方性政府及相关体育职能部门具体运行的需求;对体育产业政策创新的观念性引导等。

初期路径与后期路径构成体育产业政策创新的主要路径,需要时刻根据政策创新进程判断和设计参与主体的能动作用,其中中央政府的强制性作用是关键,决定了体育产业政策创新的时间。同时也要注意,诱致性因素是贯穿于体育产业发展始终的核心力量,特别是在政策创新后期路径中,发挥着重要的推动作用。

(三)推动路径

观念的转变是从整体上转变所有参与者对体育产业发展的认识与理解,从而对建立体育产业发展所需的新政策体系予以支撑。政策创新是一个复杂的过程,涉及多方参与主体,是不同级别政府、不同相关部门及不同微观主体共同作用的结果。因此,转变观念至关重要。随着社会主义市场经济体制改革的不断推进,体育产业已逐步走入人们的视野,《体育产业发展纲要》《奥运争光计划纲要》等都积极地推动了体育产业发展的进程。从实施效果看,体育产业发展并没有达到预期目标,这其中观念的转变不容小觑,意识的最大作用是可以节约政策创新过程中所产生的成本,可以加大政策创新的效率。当体育产业发展需要政策创新时,可以从转变观念形成一种推力,能起到降低体育产业政策创新成本的作用。

1. 推动各参与主体观念转变

体育产业发展是人们对体育与财富的一种重新认识,体育产业在当今社会、经济发展中扮演着越来越重要的角色。从国家角度看,体育产业发展是国民经济的新增长点,是推动经济转型升级的重要力量,如果中央政府对体育产业发展的意识观念得以转变,按照体育产业发展的客观规律去引导,则在实践发展中体育产业政策创新就将成为必然。另外,中央政府观念的转变将直接影响到各级政府部门对体育产业发展的判断,特别是体育相关行政部门对体育产业发展的具体管理,也必将影响到体育产业政策创新。

体育企业等微观参与主体是体育产业政策创新的最直接受益者,他们的思想观念不应仅仅停留在对各项政策的需求上,而应转变为如何在该政策创新中发挥自身的能动性。体育产业发展是多方主体共同努力的结果,如果仅依靠政府及相关体育部门,整体创新进程减缓,创新效率降低,体育企业是政策创新中最有发言权的参与者,它们的需求直接影响到体育产业的政策创新,体育产业中的微观经营主体必须从观念上进行转变。

除此以外,广大体育消费者的观念转变实际是体育产业政策创新依托,在体育市场中广大消费者的观念转变是推动政策创新的根本力量。具体而言,体育消费者的观念转变是体育产业发展客观规律的一种体现,它要求体育消费者对体育产业有明确的认识,能够形成科学的体育消费观念,对各种体育产品能够有效利用。体育产业政策创新要求体育消费者转变原来对体育商品的价值观念,重新审视体育消费,积极参与体育消费,从观念上引领体育产业发展,为体育产业政策创新提供观念上的支撑。

2. 推动政策创新的进程

为了顺利完成体育产业政策创新初期路径,并快速进入后期路径,需要在观念转变上对政策创新进行推动。从细分路径中可以看出,诱致性因素是后期路径的关键,而对于各参与主体的观念而言,是需要通过转变才能顺利完成的。因此,转变观念不仅是各参与主体发挥主观能动性的前提,同时也是各参与主体明确自身在政策创新路径中发挥的具体作用。具体包括:认识体育产业、了解体育产业政策、知晓自身在政策创新中的重要作用。此外,在推动路径中,需要正视政策创新中观念转变与政策创新进程的深层次内在联系,只有先明确观念与进程关系,才能使体育产业政策创新进程有效推进。

二、我国体育产业政策创新的策略

(一)加强体育产业政策的理论和实证研究

多数人都可以认识到体育产业政策对于促进体育产业发展的重要作用,但现阶段对体育产业政策创新的理论和实证研究不足,对体育产业政策如何发挥作用的问题尚未理清。主要原因,一是现阶段我国体育产业尚处于起步阶段,产业市场并不成熟,这也在很大程度上限制了产业政策创新的理论研究;二是受各方面因素的制约,我国相关体育产业政策的制定并不公开透明,一些政策往往出于救急的目的,只是起到灭火器的作用。政策的制定者和研究者要想彻底了解政策制定、传播、监督以及最终的绩效评价等过程非常困难。

因此,体育产业政策创新要处理好集中决策与分散决策、规模效应与数量效应的关系,转变政府职能,采用合理透明的调控手段,营造良好的经济基础,以提高产业政策创新传导的有效性。

体育产业政策创新可以借鉴政策学原理,制定或出台任何一个完善(高效)的体育产业政策,都应该坚持政策主体的"一致性"原则。由于我国宏观管理体制的特殊性,在制定体育产业政策时很难避免一些不一致的现象,容易形成政策弊端,造成政策之间的摩擦与矛盾,使整个政策的权威性受到影响,降低了政策落实的效率。对体育产业政策创新的实证研究,可以减少此类情况的发生,构建相对完善(高效)的体育产业政策体系,提高政策绩效。

此外,由于社会主义市场经济的最终确立,我国社会已经形成了一定的利益集团,它们彼此之间是一种相互博弈的关系,对相关产业政策的制定、传播和评估过程产生影响,最终的政策实际上也是博弈平衡的产物。因此,加强对不同利益集团博弈关系的研究将有助于我们更深入地理解体育产业政策运行的全过程。

(二)效率化运行体育产业政策创新的路径

由于路径运行的客观性,效率与路径有着密切的联系,为了使政策创新路径有效连接体育产业发展所需要的政策,效率是关键因素。新政策对体育产业发展的重要性决定了政策创新要迅速,在有效时间内满足体育产业发展的需求。目前,我国体育产业发展速度令世人瞩目,快速增加的体育产值需要与体育产业发展相适应的政策予以支撑,因此各项新政策发布的效率对政策创新路径运行效果的衡量就尤为重要。

首先,在体育产业发展的具体路径运行中,为保障体育产业政策创新的路径运行的效率化,应该明确路径启动主体。在路径运行的开始阶段,中央政府是最合适的发起者。如2014年国务院印发的《关于加快发展体育产业促进体育消费的若干意见》(国发〔2014〕46号),启动主体是中央政府,因为只有中央政府才能对相应具体政策的供给形成有效的设计,才能使路径从理论上付诸于实践运行。实际上,中央政府的职能是在该路径运行时对具体的政策供给任务进行分配,以及明确相关行政部门是参与主体。从体育发展的宏观角度看,在体育产业发展过程中,会涉及很多参与主体,界定不同参与主体的职能,明确相应任务需要更高权力机关的控制。因此,中央政府的职能是在具体的政策路径运行中明确各参与主体,尤其是行政主体应承担的相应职能。

其次,政策创新路径运行中,参与主体比较复杂,除路径中涉及的各级政府、各级行政部门外,还包括体育团体、体育企业、体育消费者等。为了保障路径效率化运行,各参与主体具体分配的任务需根据各级职能部门的实际职能范围确定。在效率化运行制度创新路径时,对这些主体的具体要求就是明确工作方向和内容,按照进度或效果评价体系来完成。但现实中对体育团体、体育企业、体育消费者明确和布置任务非常困难,就需要从积极主动层面调动它们对各项政策供给的能动性,使它们认识到自身发挥的作用,从而保障路径的效率。

最后,完善针对体育产业政策创新路径的监管,特别是对具体政策创新路径的效率化运行,路径运行监管关系到政策创新能否按照政策创新的目标顺利完成。在政策创新路径中,监管的实施应该具体、严格并逐步完善,一方面,监管需要权利部门对政策创新路径的运行进行目标监控,例如可以对具体政策创新设立指标,落实政策创新责任主体,设定政策创新完成期限等;另一方面,监管主体应该扩大范围,积极引入第三方,体育社团、体育企业甚至是体育消费者代表,都可以对体育政策创新进行监管,从不同角度对体育产业政策创新起到保障作用。

对于体育产业政策创新,可以将具体评价指标作为监管的重点。在体育产业发展进程中,由于政策创新难度大,需要不同参与主体的协调与配合,如果不设立具体评价指标对体育政策创新进行评价,则各项新政策在实施时,必然影响到效率。因此,从监管角度出发,通过指标化评价创新路径运行,可以提高体育产业政策创新的效率。

(三)兼顾体育产业政策正反两方面的影响

体育产业政策作为政府的一种干预市场行为,对体育产业的发展发挥了重要作用。但从国外以及国内的一些实践经验看,产业政策并非完美无缺,一些政策未能发挥相应作用,甚至在一定程度上阻滞了产业发展。

究其原因主要有三点:一是政策成为不同利益集团攫取超额利润的工具;二是一系列较为严格的条件限制了产业政策的合理存在,包括无效市场调节、政策代价的有限性、政策作用的可贯彻性和政策效果的可检验性等,一旦这些条件无法满足,政策创新最终可能无法达到应有效果;三是我国体育市场机制还不完善,从中央到各地方政府往往希望通过直接干预市场来实现体育产业跨越式发展。往往借助包括大量行政手段在内的市场干预行为尽快实现扩大体育产业规模、改善体育产业结构、提高体育产业效能的目的。但是行政手段有利也有弊,一些决策者因任期时限或其他资源的限制而使政策仓促上马,最终虽然取得一定成效但也是一种粗放式的政府干预,其总成本甚至可能远远超过总收益。

总之,从国外发达国家体育产业政策创新的实践经验看,必须认识到体育产业政策创新受到一系列主客观条件的严格限制,因此我国体育产业政策的创新、制定和实施必须非常谨慎,兼顾体育产业政策正反两方面的影响。

（四）推动公众的观念认同

观念认同是体育产业政策创新的思想基础,是体育产业政策创新实践的原动力。观念认同包括对体育产业的认同、对体育文化的认同和对体育消费意识的认同。

1.对体育产业的认同

"十二五"以来,我国体育产业稳步发展,产业规模逐步扩大,产业体系不断健全,产业结构不断优化,产业政策不断完善。2015年借助"一带一路"布局,我国体育产业主管部门积极与相关国家进行政策融合创新,实现从国家层面上的产业政策的创新,利用优势制度和先进经验带动我国体育产业发展。

体育产业发展能够取得骄人成绩,在思想意识层面上要归功于公众对体育产业的熟悉、了解和判断。长期以来我国体育事业被认为是社会公益事业,举国体制使得可以用纳税人的钱来维持、运营和拓展体育产业。然而,在西方体育是一种产业化运营,体育作为资源投入市场,经过优化配置获得最大化收益的过程。

一方面,体育产业发展需要转变发展方式,但是这种转变并不是政府部门一方的责任,更需要公众对体育产业的认同。公众对体育产业的认同可以帮助体育产业在发展中树立体育生活化和产业化的意识形态,对其所需的政策形成相应需求,对体育产业政策创新形成有效的思想保障。

另一方面,体育产业不仅是关系公众身心健康的一项产业,更是关系到国家经济发展方式转变、国民体育复兴以及体育强国战略实现的产业。因此,公众站在一定层面的理论高度上认识体育产业政策创新,最终达到认同。

2. 对体育文化的认同

体育文化是在体育发展的基础上人类对体育的理解,文化的内涵展示了人们对体育的热爱,对体育运动的执着以及围绕体育运动所形成的物质文明与精神文明。体育文化是在公众对体育认识的基础上形成并发展起来的,公众对"体育文化"的认同是从精神层面对体育产业政策创新的一种理解,这种"体育文化"不仅限于体育运动中,更渗透在体育消费、体育服务以及体育产业的各个环节中。只有公众对体育文化认同,才能从更深层次引领体育产业政策创新。

体育产业政策的创新中对体育产业的市场定位要把握文化消费的情况,建立品牌地位,公众对体育文化的认同将对体育产业政策创新起到重要的定位作用。一方面,通过体育文化的认同,形成统一的文化观,具有中国特色的一种体育文化,通过体育文化形成的认同将从文化层面推动体育产业政策创新。另一方面,从"体育文化"认同的视角支撑政策创新将更具持久性。

3. 对体育消费意识的认同

消费是体育产业发展的基本需求,没有体育消费就没有体育产业。公众的消费意识决定着消费行为,如果大众能够形成一定的消费意识认同,通过体育消费引导体育产业发展方向,将有力地推动体育产业政策创新。

对于体育领域的消费意识认同强调人们将体育消费看作日常生活中的重要组成部分,是投资身心健康的必然消费选择,同时又是绿色环保的消费。因此,如果能够形成这种意识认同,必然刺激体育产业发展,从而推动体育产业政策创新。

（五）注重由宏观向微观层面的转变

按照产业经济学理论,将体育产业政策分为体育产业结构政策、组织政策及其他产业政策。在宏观层面上的产业政策因试图面面俱到而很难具有针对性和可操作性,微观层面的不同产业政策又缺乏严谨的理论支撑。其实体育产业的覆盖面非常广,不同产业结构、产业绩效和企业行为相差甚远,体育产业政策的创新要针对不同的情况有不同的政策供给。如在体育用品业中我国体育用品企业出现低水平重复竞争的情况,产业政策创新的重点应该放在防止企业的低质竞争,建立现代体育企业制度,形成科学的法人治理结构和经营管理制度,提升企业竞争力;体育竞赛表演业、体育中介业受制于政府管理部门对体育资源的垄断,其产业政策创新的重点应在"国退民进"上。

即使同一种市场形态也可能因不同的主客观环境而采用不同的产业政策,如国家体育总局2017年公布目前我国已有11个体育产业示范基地,但是这些基地市场发育程度、资源占有率和利用率都各不相同,要促进11个体育产业示范基地的发展就必须为其量身定做相应的体育产业政策。

新兴产业更容易受到产业政策的影响,但我国对体育培训业、体育彩票业等新兴领域的产业政策创新较少,科学合理的政策创新对这些产业发展的作用会立竿见影。因此,未来的体育产业政策创新的重点需从宏观总体领域向各微观个体领域深入。

第六章 "一带一路"形势下我国体育产业市场的经营与管理研究

近年来我国体育产业市场的发展情况良好,前景喜人,特别是在"一带一路"倡议的新形势下,我国体育产业可以借到更多发展的东风。为此,做好相关的经营与管理就显得格外重要。本章就重点对"一带一路"形势下我国体育产业市场的经营与管理的理论和方法等问题进行研究。

第一节 体育产业经营与管理的基本理论

体育产业的经营与管理是一门具有一定专业性的学科,要想搞好相关的研究,做好管理工作,首先就需要充分了解其基本理论,将之作为后续研究和实践的基础。

一、体育产业经营管理的概念

对于体育产业经营管理的概念确定问题可以从宏观与微观两方面来看。从宏观角度上看,产业经营管理是为实现产业目标所进行的有计划的活动。从这观点看来,体育产业管理的目的性很强,即其所进行的管理的目的只是实现体育产业的目标。从微观角度上看,体育产业经营就是体育经营单位运用所拥有的人力、物力和财力等资源要素,以体育市场为出发点和归宿,进行体育市场调研和预测、选定体育产品发展方向、制定长期发展规划、进行体育产品开发、组织安排体育产品的生产、开展体育产品的销售和技术服务工作以达到预定的体育产业经营目标的连续的体育商品生产和交换的循环过程。

在体育产业中,体育产业的经营是指一切决定本产业的方向和目标的活动。例如,一家主要经营体育运动的俱乐部需要根据场地、器材和人力资源等条件确定经营某种体育运动的情况,即对活动目标和活动方向的整个决策过程。

二、体育产业经营管理的对象

与一般性的产业经营管理不同的是,体育产业经营管理的对象是体育相关行业。鉴于管理对象的不同,也就预示着相对的管理方法与管理要素的不同。

就目前的体育产业学术界的研究成果来看,研究者们对体育产业的界定还尚未统一,特别是在现代体育产业高速发展的今天,变化之快,体育产业经营管理的对象也不断涌现,使得对概念确定的因素也在不断发生改变,由此使得对概念的最终确定又增添了难度。

这里需要明确的是,本章中对于体育产业研究的主要着眼点为时下最为热门的体育服务产业。通过分析体育服务产业经营管理,能够使人们更加了解其内在的本质与发展规律,由此为这项产业的再发展提供帮助。

三、体育产业经营管理的要素

体育产业经营管理这个系统当中存在着诸多对其整体运行构成影响的要素。简单来说,这些要素主要是体育产业及其具体操作的企业中的那些拥有或控制的各种资源的要素。体育产业经营管理的要素主要表现为以下五类。

（一）人力资源要素

无论是哪种类型的管理,人力资源都是管理的主要对象。体育产业的经营离不开人的参与,并且由于体育的专业性使得从事相关产业运营的人才必须具备一定的专业能力,他们必须既对体育有一定的了解,同时还必须精通管理与营销。一个从事体育产业经营的机构能否在市场中表现出强劲的竞争力,其所挖掘的人才的能力是最大的决定因素。

（二）财力资源要素

可以直白地讲,体育产业对于财力的支持是较为依赖的,可见财力资源对于体育产业经营管理活动而言是必不可少的要素。首先,从事体育产业经营的大多数机构都要拥有或租赁体育场地、设备与器材,或是自行开发新型体育硬件。但这一切都离不开财力的支持,否则这些构想永远只能停留在计划之中,经营活动的开展也是天方夜谭。

（三）物力资源要素

体育产业经营管理活动中所需要的建筑物、机械、工具和原材料等均是生产资料。生产资料作为产品生产的物质手段和条件,是体育产业经营不可缺少的物力资源。当然,物力资源是否充足也在一定程度上依赖于前面提到的财力资源。但对于地域要求较为苛刻的体育旅游业来讲,物力资源充沛与否就将是该产业成功的主导性因素了。

（四）信息资源要素

在现代这个信息社会中,谁掌握了信息,谁就掌握了发展的主动,对于体育产业来说更是如此。由此可见信息资源要素在体育产业经营管理中的意义,它涉及体育产业及其中各类体育企业生产和经营活动过程中所产生、获取、处理、存储、传输和使用的一切信息资源,贯穿于体育产业经营管理的全过程。

（五）经营能力要素

经营能力是指体育产业经营者利用上述要素达到经营目标的能力,经营能力也就是管理能力的一种体现。经营能力的强弱在实践当中十分重要,即便是没有获得充足资源的情况下,通过有力、高效地经营,依然可以达到理想的效果。[①]

四、体育产业经营管理的目标与程序

对于体育产业经营管理的目标与程序的了解,意义在于它能帮助人们从更加直观的角度学习体育产业经营管理的具体内容。为此,首先要了解的就是体育产业经营管理的目标与程序。

（一）体育产业经营管理的目标

体育产业经营管理的目标,是指体育产业经营机构在一定时期内的经营所要达到的成果。在实际的经营过程中,经营管理的目标始终存在,它的形式可以是阶段性的目标,也可以是周期性目标,还可以是最终目标,这就使得体育产业经营管理中的任何行为都是在围绕着某一目标进行的,并不存在没有目标的经营行为。

具体来看,体育产业经营管理的目标较多,下面就对其中四种最为常见的目标类型进行阐述。

1.社会目标

这里提到的社会目标实际上主要突出其对于社会的贡献方面。体育产业之于体育事业不可或缺,从现代体育产业的体量来看,它也已经成为国民经济的重要组成部分。体育产业经营管理的社会目标就是满足人们日益增长的体育消费需求。

---

① 张立忠.企业经营管理学[M].上海：上海科学技术文献出版社，1995.

2. 市场目标

体育产业的发展依托于不断蓬勃发展的体育市场。因此,抓住市场机遇就等于实现了一半经营管理,这无疑是体育类企业生存和发展的基本条件。就体育产业经营管理的市场目标来说,实现经营管理的收益肯定是其目标之一。但这一目标不应只限于此,需要在满足这一基本的市场目标后,还应该有更高的市场追求,即力争进一步完善经营管理的水平,提高体育类企业的市场信誉和品牌影响力,引导和创造新的市场需求。

3. 发展目标

所有经营者与体育产业相关的机构其本身的发展始终处于运动之中,如此便会根据经营环境和市场的变化而变化。要想在纷繁复杂的市场中立足和发展,就只有追求自身的完善与创新,提升对市场变化的适应能力。由此可见,体育产业经营管理的发展目标应该为获取和保持竞争优势,扩大产业规模、优化产业结构、提高产业绩效。

4. 利益目标

利益目标是体育产业经营管理的核心目标,是其管理行为的基础和最大动力。在现今的体育市场中,不存在没有利益目标的经营行为,这是包括体育产业在内的任何产业都不能否认的目标。然而为了保证体育产业的健康发展,获得最广泛的支持,就要求在合理追求利益的同时还要兼顾社会利益,要努力实现经济利益与社会利益的协调。

（二）体育产业经营管理的程序

要想顺利开展体育产业经营管理活动,就需要制定一个合理的程序。这个程序的制定不完全是通过理论论证出来的,它还需要长期的管理实践作为完善的依据,此后才能逐渐完善,确保这个程序的实用性和高效性。通常来说,分析经营管理环境是这一程序的开端,此后还会依次经历明确经营管理思想、制定经营管理方针、确定经营管理目标、进行经营管理决策、编制经营管理计划、设计经营管理组织和开展经营活动,直到最后进行的经营管理效果评估。[①] 这些程序构成了一个不断循环的体育产业经营管理活动的完整过程(见图 6-1)。

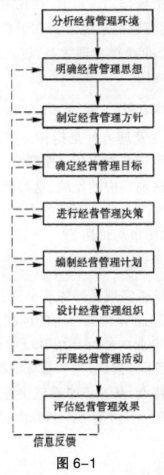

图 6-1

1. 分析经营管理环境

对体育产业经营管理的所处环境进行分析必定是需要首先进行的环节。这是由于在现代这种发展迅猛、纷繁复杂的体育市场中充斥着各种有利或不利的因素,将这些因素了解清楚,并且

---

① 马国柱.企业经营管理学[M].北京:机械工业出版社,1997.

及时发现市场需求和拓展空间、掌握竞争对手发展方向都是进一步制定经营战略的前提。

2. 明确经营管理思想

体育产业的经营管理思想对体育产业及其中的从业组织的经营管理活动起到指导作用。目前,在我国社会主义市场经济体制下,体育产业经营管理的思想主要在于要求其所开展的活动能够满足社会需求、企业获得合理效益、进一步开拓我国体育市场并履行相应的社会责任。

3. 制定经营管理方针

体育产业的经营管理方针是指相关机构处理各种具体经营管理活动的基本原则与基本纲领。实际上,经营管理的方针就是一种经营管理思想在现实中的反映,这种反映能够通过某些客观实物展现出来。体育产业经营管理的方针具体有经营方向、生产的产品类型、产品的质量与价格等。

4. 确定经营管理目标

经营管理目标是否实现能够体现出经营管理的水平,并且其也是检验前期指导理念和相关行为的标准。体育产业经营管理目标是在分析体育产业内外部环境基础上确定的各项经济活动的发展方向和奋斗目标。因此,这一目标的确定必须具有整体性、终极性和客观性等特点,从这点来看就决定了这类管理目标并非是单一的,而往往是一个由诸多小目标共同构成的大目标,即形成一个目标体系。

5. 进行经营管理决策

决策是管理的重要手段之一,甚至可以简单地认为决策就是一种管理。管理领域中的决策首先要在充分进行理论分析的基础上进行,然后再运用因果分析和综合评价,从两个或两个以上的可行方案中选择最适宜的方案。体育产业经营管理中会涉及大量的决策问题,对问题进行的决策都是为了达成既定目标,可以说这是经营管理中众多行为的核心。正确的决策无疑可以使经营管理更加顺畅和高效。

6. 编制经营管理计划

体育产业经营管理计划对实际的管理工作起到指导作用,它的制定需要更加详细具体,追求操作上的可行性。另外,经营管理计划还应具有外向性、适应性、目标性等特点。

7. 设计经营管理组织

体育产业经营管理的组织是一类带有动态性的工作过程。对经营管理行为进行组织的目的是促进体育产业经营管理机构能够实现其预设的目标,并且使参与经营管理过程的人能够有共同协调开展工作的基础。对经营管理组织的设计主要包括组织结构的设计、规划和设计组织中各部门的职能与权力,对于一些关键的、涉及较为复杂工作的职能部门或职务,要编制相应的职权说明文件等。

8. 开展经营管理活动

当一切准备工作就绪后就可以开展正式的经营管理活动了,由此看来体育产业的经营管理活动属于这一系列管理程序中的具体实施阶段。前面所做的一切准备工作都是为了实施管理准备的,为此,在管理过程中,除了要按照计划制订的内容认真执行外,还要注意在管理中对于一些问题的灵活处理,这是考验管理机构和管理者的管理艺术的环节。

9. 评估经营管理效果

评估经营管理效果是非常重要的环节,不能因为它本身不产生任何经济效益而对此忽视。立足于长远发展的评估环节不仅能正确认识产业经营活动的科学性,还能有利于提高体育产业经营管理的水平,这对于总结管理中遇到的问题和对突发情况的处理非常重要。为此,对体育产业经营管理效果的评估就要本着科学、客观、全面的原则进行。

第二节 "一带一路"形势下我国体育场馆经营与管理

在体育事业发展的过程中,基础设施建设与管理非常重要,如体育场馆建设与管理水平的高低就直接影响到体育赛事的质量,更进一步来说,对整个城市的发展都会产生一定的影响。因此,在"一带一路"倡议下,加强我国与沿线国家或地区的交流,参考和借鉴发达国家体育场馆建设与管理的思路和理念,保证我国体育场馆的健康运营是非常重要的。本节就重点分析"一带一路"倡议下我国体育场馆如何更好地经营与管理。

一、体育场馆及其管理的概念

(一)体育场馆的概念

体育场馆实际上是体育场和体育馆的统称。一般情况下,体育场的面积要大于体育馆,大多数体育场是无顶棚的建筑(德国和卡塔尔等国有有顶棚设计的体育场,并配有空调设施),而体育馆则为有顶棚的设计。体育场馆的用途是供人们开展各类体育活动的空间,而对于更为专业的体育领域来说,体育场馆还要为一般的运动训练、运动竞赛、体育教育提供场地保障。体育场馆的种类很多,常见的体育场馆主要有综合性体育场、综合性体育馆、专业足球场、专业田径场、游泳池、田径馆、风雨操场及其他各类具有不同专业体育用途的室内场地等。[①]

我国在近年来的体育场馆建设方面取得了长足的进步,特别是北京奥运会的举办将体育场馆建设水平推向了顶峰,而2022年冬奥会的申办成功无疑会进一步增大我国对体育场馆的建设力度,而这次着重对冬季项目场馆进行建设,将会使我国体育场

---

① 赵钢,雷厉.体育场馆经营管理概论[M].北京:北京体育大学出版社,2007.

馆的种类和功能更加完善。

鉴于我国体育场馆种类较多,为了便于研究就需要对其进行划分。常见的对体育场馆的划分方法主要有按建设规模分为大型、中型和小型体育场馆;按使用性质分为体育比赛场馆、体育教学训练馆和体育健身娱乐场馆;按用途分为专用性体育场馆和综合性体育场馆;按管理单位性质分为完全事业单位运营型、事业单位企业化运营型、事业企业双轨制运营型和企业运营型;按投资机制分为政府全额投资型、私人投资型和公私合伙投资型(PPP)。

(二)体育场馆经营管理的概念

体育场馆经营管理是一个大的内容,具体来看它还可以被分为体育场馆的经营和体育场馆的管理两大部分。

体育场馆的经营是在市场经济背景下,单纯地利用价格机制配置体育场馆各类资源,在等价交换的原则下向市场提供运动场地、体育运动设施以及服务等有形或无形产品的活动总和。体育场馆管理则是为提高效率,实现体育场馆管理目标而采取的一系列计划、组织、控制、协调和命令等手段的总和。

实际上,在体育场馆的运营中,其经营活动和管理活动并非是两个互不干涉的行为,而是一种相互协调,共同为体育场馆运行提供帮助的行为,为此,对于体育场馆的经营和管理通常可以被合称为体育场馆的经营管理。由此,体育场馆经营管理,是指管理者在已有体育场馆及相关设施的条件下,充分利用人力资源和环境,发挥体育设施的作用,有组织地对体育场馆的有形和无形资产进行开发利用,使体育场馆达到良性运转,实现预期的经济效益、体育活动和其他社会效益的目标的活动过程。

二、体育场馆的日常运行管理

体育场馆日常运行管理是每天都要进行的必不可少的管理

行为。这种管理的最大意义在于维护体育场馆的正常运行,保证场馆所提供的各项服务正常和高效。可见,体育场馆的日常运行管理是体育场馆经营管理的重要内容。可以想象的是,如果没有完善的日常运行管理,或是在这个管理过程中出现诸如制度不完善、人员专业化程度不高等情况,则会大大降低体育场馆的利用率和经营收入,阻碍体育场馆的健康发展。正因如此,也就使得体育场馆的管理者越发对这项管理给予了极大的重视。具体来看,对体育场馆的日常运行管理内容主要有以下几个方面。

（1）业务管理。业务管理是对体育场馆在运营过程中所有涉及的工作进行调配、协调、统筹的行为。在业务管理中,计划和方案的编制是其中的重要内容。在大多数体育场馆的运营中,都会在每年的特定时期（通常为每年年初）对年度内既定的活动做出计划,如年度将要作为某职业俱乐部的主场而承办的联赛、承办的杯赛以及承接的演唱会等活动。由于赛事和活动都有严格的时间安排,因此这一计划一旦确定之后,务必要保证届时各项工作的准备妥当。

（2）制度管理。对任何一项事物的管理都不能缺少一个完备和科学的制度的确立,这点对于体育场馆的经营管理来说也是如此。一个制度是否科学合理不仅需要严格的理论论证,还要历经实践的检验,这是一个良性循环的过程。对于体育场馆经营管理来说,其制度的建立实际上也就是日常管理工作的理性总结,它能够反映出体育场馆管理工作的客观规律。当制度确立后就要严格执行,这对于规范管理者的管理思路和决策以及保证体育场馆高效运营都产生巨大的作用。体育场馆管理制度主要包括制定岗位职责、制定工作标准和办事程序、制定考核与奖惩制度以及执行时间等。

（3）人力资源管理。管理者是体育场馆运营管理的主体,管理者的水平如何在很大程度上能够决定体育场馆运营的水平。几乎所有的管理都是以人为对象的,设计的诸多管理条例的执行者也是人。对人力资源进行管理的核心宗旨就是通过奖罚分明的制度,激励人员恪尽职守、展现专业能力,为体育场馆的运营稳定贡献力量。因此,在体育场馆运营管理中的人力资源管理就显得格外重要。体育场馆所从事的大多为与体育运动有关的活动,这本身就涉及体育专业知识和场馆维护与运营知识。为此,就需要大量体育管理相关专业的人才来从事这项工作。有效的人力资源管理能调动员工的积极性,发挥员工的潜能,为场馆创造价值,给经营管理者带来效益。具体来看,体育场馆人力资源管理所涉及的内容主要有人力资源规划、人才的招聘与配置、培训与开发、绩效管理、薪酬福利管理、劳动关系管理等方面。

（4）服务管理。体育场馆的运营结果是为有体育运动需求或场地需求的单位和个人提供丰富的体育服务产品。因此,这种服务基本上就是体育场馆日常提供的内容,对这方面进行管理就显得非常重要。在体育场馆运营所提供的服务中,常见的包括票务服务、寄存服务、接待服务、咨询服务、场地服务、器材服务、服装服务以及其他相关服务。为了做好内容如此之多的服务管理,就需要针对每一项服务的内容做好协调和控制工作,以此才能提高所提供服务的质量。

（5）设施管理。体育场馆中所拥有的场地和大量相关配套设施在日常都需要做好相应的管理工作。这是因为体育场馆中的设施随着使用会有大量的正常损耗,这是体育设施的本质属性决定的。体育场馆的设施管理涉及的内容有购置、维护、清理和报废体育设施等。合理使用、及时收纳、及时清理与维护、科学安排设施的工作负荷等措施都可以最大限度地减缓体育场地和设施的损坏速度,不仅如此,就一些关乎使用者安全的器材来说,良好的维护与保养还能最大限度地避免运动损伤和意外事故发生的概率。

（6）物业管理。体育场馆的运营关系到许多与物业有关的活动,良好的物业管理有助于体育场馆运营的顺畅。这些物业管理主要有场馆内部和外部的环境保护、场馆内外的安全保卫措施、场馆停车场管理等。特别是现代人们对安全生产的日益关注,使得日常中对于交通安全、防火安全、防盗安全等的管理都投入了相比以往更多的人力和财力。

（7）财务管理。场馆的经营其中有一项基本的目的那就是获得预期的经济收益，不过对于建设费用高昂的体育场馆来说，场馆运营的收支可不是从场馆运行开始计算的，而是需要将前期的投入也计入其中。这就说明，在体育场馆运行伊始就是亏损状态，而这也使得真正获得盈利还需要一个较长时间的积累过程，因此加强场馆的财务管理，使宝贵的资金有效得到合理调配就显得非常重要。体育场馆的财务管理首先要严格遵照财务规章制度来执行，对任何资金的使用和收支做到有效监管，另外对于收入预算要从实际出发，制定与所提供的服务相匹配的服务价格。支出预算要贯彻勤俭节约的方针，做到精打细算，用好每一块钱。

（8）信息化管理。在现代社会中充斥着大量的信息，信息使人们生活的各个方面都发生了巨大的变化，它之于管理来说也是不能忽视的，特别是体育场馆的管理也离不开信息化。对体育场馆的信息化管理使对于场馆的管理更加精细，对场馆运行过程中出现的各种问题能够做出最快的反应，大幅提升场馆服务水平和运营效率。体育场馆运营的信息化管理可以体现在多方面，如场地预订、场地计费系统、场地灯光控制、会员管理、财务管理等诸多方面。[1] 这些在信息化管理方式在一些以经营台球厅、乒乓球和羽毛球球台（场地）租赁为主的场馆中已经普遍使用，效果良好，效率大增。

（9）风险管理。体育运动本身具有一定的风险性，参与大多数体育运动的人都或多或少会出现一些运动性伤病的情况。体育场馆作为体育活动的场所，其就需要对可能在活动过程中出现的诸多意外事故做好应对风险的管理。风险管理的主要对象有两个，一个是人，另一个是场馆设施。人是体育活动参与的主体，这些人可以是运动员，可以是观赛的观众，也可以是场馆工作人

---

① 陈锡尧，张蜂筠，徐成龙.体育场馆管理实践指导 [M].上海：复旦大学出版社，2013.

员,场馆设施则是场馆内用于为活动提供保障的基础设施。由于这些变化着的人为的因素和可能出现的设施损坏会使体育场馆经营者存在着潜在损失的可能性,因此这就是体育场馆所要面临的风险。对体育场馆的风险管理在制订管理计划之初就要做好将之贯穿于整个经营管理过程的准备,这点首先在意识上就要达成。通过场馆风险管理计划的制订、实施和管理,确定、区分和选择合适的方式来应对各种场馆经营前期、中期和后期的风险。

三、体育场馆的开发管理

随着我国市场化程度的加快,我国的体育场馆也朝着市场化和科学化经营的道路快速前行。体育场馆的开发与管理,就是在更新观念的基础上充分挖掘和利用体育场馆的各类资源,通过有效的管理手段,提高体育场馆资源的使用率和经营收益,在取得较好经济效益的同时,满足群众体育、竞技体育、学校体育发展的需要,实现一定的社会效益。对于体育场馆的开发与管理来说,它所涉及的范围非常丰富,除了针对体育场馆本身以外,还包括体育场馆的建筑空间以及体育场地器材和附属设施等。[①]

（一）体育场馆附属空间及设施

体育场馆附属空间及设施,是指体育场馆本身除比赛场地和观众看台以外所附属的空间和各种活动用房。下面就对这些空间和设施功能的进一步开发进行探讨。

1. 利用方式

现代体育场馆的设计较为巧妙,除了场馆中的主场地外,还配有许多附属区域和附属用房。在承办体育比赛时,这些用房通常被用来作为球队的更衣室、理疗室,附属区域则被用作运动员热身的场地。在日常向社会开放时这些用房则可以被改造成健

---

① 王德炜.体育场馆运行管理 [M].北京：人民体育出版社,2011.

身房、舞蹈教室、瑜伽室等场所,甚至一些体育场的下部房间可以作为商业店铺,售卖一些运动服饰、器材,饮料等经营场所。如果是特定时间,体育场馆还可以作为展销会的场地,另外,演唱会也是体育场馆经常承办的活动。

2. 开发模式

现代许多综合性体育场馆的建设的宗旨并非只是为体育活动而建,除体育活动外,它还应该具备开展其他多种活动的能力,这就是所谓"以体为主、多种经营"的开发思路,常见的体育场馆附属空间及设施的开发模式主要有以下几种。

(1)体育娱乐模式。利用体育场馆附属用房作为其他运动开展的场地,如将其中通风和采光不好的房间用于适合在安静和对光线没有过高要求的运动,如台球、棋牌、沙狐球等。

(2)会展模式。体育场馆开发的会展模式也是近些年来经常出现的模式。它主要是利用体育场馆中的主场地或附属场地的大空间来进行多种商业展览,如房展会、书市、模型展等,这些活动的举办一方面可以给体育场馆带来一定的人气,另一方面场馆管理方也能从中获得一定的租金。

(3)健身俱乐部模式。充分利用比赛用房,依靠体育场馆人才优势开展专业健身、健美俱乐部的活动。

(4)餐饮商业模式。现代体育比赛与过往相比加入了更多欢庆的元素,人们来观看体育比赛除了欣赏赛事本身外,更希望通过这次观赛活动达到交友、家庭活动的方式。可以说,现代体育竞赛的观赛已经成为人们娱乐活动的选择之一。为此,利用体育场馆附属房间进行餐饮经营可以满足人们在观赛之余的餐饮需求。另外,在其中再增加一些体育文化或俱乐部文化的元素在其中,就会给体育场馆的经营带来更多的附加值。

(5)办公模式。将其中的附属房间用来作为体育产业相关公司的办公用房,使得这些公司能够依托体育场馆的氛围和宣传便利开展经营活动。

（6）酒店模式。利用较为宽裕的附属房间当作可供正常居住的客房,这种模式可以用来满足有住宿需求的客人,也可用来作为运动队队员长期驻训的住地。

（二）体育场馆室外空间

体育场馆室外空间是城市空间的重要组成部分,主要分为体育广场、道路和停车场。体育场馆外部空间在开发利用上大体有以下两种。

（1）围绕主营业务的配套服务,如小卖部、体育用品店铺、餐饮等。

（2）停车场。利用体育场馆周边的充足空间,为缓解周边停车困难作出贡献。但需要注意的是,将体育场馆周边空间作为停车场只能是在不影响其他体育场馆正常活动的基础上进行的,即停车场模式要让路于其他模式的开发,而不应将停车场地租赁作为一劳永逸的收入来源,这显然是与体育场馆的本质功能相违背的。

第三节 "一带一路"形势下我国体育赛事经营与管理

随着现代竞技体育的不断发展,各种各样的大型化体育赛事也呈不断增多趋势。大型体育赛事的出现对沟通各个国家和地区之间的交流具有重要的作用。在"一带一路"倡议下,体育赛事的发展正好可以利用"一带一路"所带来的优势,各地区互相借鉴其发展的手段与措施,提高体育赛事经营与管理的水平。

一、体育赛事经营管理的概念

从体育赛事的角度出发,经营管理是一个复合概念,其理解方式可以从开展活动的组织方式和实现目标来进行。经营的目的就是要产生一定的经济关系,通常是根据国家的计划任务、市场需求状况以及自身的需要,从自身所处的环境加以考虑,对内、对外开展一系列的经济活动。

管理的目的就是为了经营目标的实现,通过计划、组织、指挥、协调、控制等职能,对体育赛事的基本要素进行合理利用和组织,以保证能够顺利完成各项经济活动,从而实现经营目标。如果从两者存在的关系出发,经营离不开管理,管理为经营服务,有效的管理是创造良好经营业绩的机车,经营活动是通过管理来实施和指导的具体过程。因此,经营管理,是指对经营过程的计划、组织、实施和控制,是与产品生产和服务创造密切相关的各项管理工作的总称。

目前人们尚未对体育赛事经营管理形成一个统一的认识,主要原因是对其含义的理解各有不同。但是,人们对于管理过程的看法相对一致。为此,我们将体育赛事的经营管理确定为,体育赛事的经营管理者通过一定方式整合资源,以实现体育赛事目标的活动。

体育赛事的目标有很多种,如经济目标、政治目标、文化目标,以及为观众提供体育赛事产品以及良好的服务,为赞助商提供展示推销自己产品的平台目标等。其实质就是人们通过对体育赛事投入的人力、物力、财力和信息技术等资源进行合理加工和使用,创造出有效的经营产品和相关服务,以达到预期目标实现的过程。

二、体育赛事经营管理的基本方式

（一）制定赛事的计划

制定体育赛事经营管理计划主要有以下几个步骤。

1. 把握信息,进行科学预测

深入调查与分析影响运动赛事的内外环境,理解赛事计划,根据自身人财物力状况,准确地预测未来。

2. 制定具体方案

赛事方案的具体内容主要包括：确定比赛形式（赛事任务范围、项目、参赛者的年龄等因素），确定比赛时间、地点、承办单位、赛事规模、赛事持续时间乃至节假日情况与赛事地经济、体育文化（观众欣赏水平、媒体等）、交通与气候条件等。

3. 编制计划

仔细阅读多种方案，平衡多方关系，进行综合评价，选择最佳方案，制订具体计划，以便按部就班地执行。

（二）赛事组织与管理

对体育赛事过程的管理就是赛事的组织与管理。管理水平的高低直接关系到赛事能否顺利进行，能否完成预定任务，并且还会影响到赛事选手水平的发挥。

因此，要依据赛事的任务和性质进行周密的计划，从而确保赛事有步骤地进行。就一次赛事来讲，其组织管理工作可依次分为赛前工作管理、赛中工作管理与赛后工作管理三个阶段。其中赛前工作管理是首要环节。

1. 赛前管理工作

（1）确定组织方案

主要有赛事名称、目的任务、时间地点、主办与承办单位、规模、组织机构、经费预算、工作步骤等。

（2）制定赛事规程与注意事项

赛事规程的内容包括赛事名称、时间、地点、项目及组别、参赛单位、运动员资格、参加办法、赛事办法（赛事规则与赛制、团体总分的设置办法、决定名次和记分的办法）、仲裁委员会组成、经费规定等。

（3）建立赛事组织机构

一般采用委员会制。组委会是整个赛事组织工作的最高机构,包括办公室、赛事、媒体报道、保卫、行政以及后勤等,负责赛事的全面组织管理工作。

（4）拟定工作计划与行为准则

组委会成立以后,应根据赛事规程、组织方案和责任分工,拟定各职能部门的具体工作计划和有关行为规范,如赛事工作计划、宣传工作计划、大型活动计划、安全保卫工作计划和财务计划,以及工作人员的守则和作息制度等。

（5）制定赛事秩序册

它是比赛进行的文字依据,需要提前制定并下发。综合性大型运动会不但有总秩序册,还有单项秩序册。内容包括比赛名称和时间地点,主办单位与承办单位,赛事组织结构图,运动竞赛规程和补充规定,各项目赛事委员会、仲裁委员会成员和裁判员名单,各代表团名单,运动赛事总日程表和各项目赛事日程,分组名单,赛事场地示意图,最高记录表等内容。

2.赛中管理工作

（1）开幕式的组织

主要固定程序是宣布开幕式开始,奏乐升旗,致开幕词,运动员代表讲话,裁判员、运动员退场,开幕式表演开始,宣布开幕式结束。

（2）赛事活动的管理

指挥者要准确、严格地进行临场指挥,并且能及时处理赛制出现的问题,诸如弃权、争议、罢赛和赛风等,确保比赛的顺利进行。

（3）人员管理

包括对裁判员、运动队（员）及观众的教育管理。裁判员的工作要做到"公正、准确、严肃、认真"。对运动队的管理采取分级管理办法,就是大会抓各队,提出统一要求,领队、教练抓队员,负责全队运动员的管理。对观众的管理主要是以正确的方法引导他们以正常、愉快的心态观看比赛,并对一些赛场骚乱的问题采取系统的防治方法,做到防患于未然。

（4）闭幕式的组织

闭幕式的程序包括宣布运动赛事闭幕式开始,裁判员、运动员入场,宣布比赛成绩和获奖者名单,发奖,致闭幕词、宣布大会闭幕,闭幕式表演开始,宣布闭幕式结束。

（5）后勤管理

包括对教练员、运动员和裁判员等人的住宿、餐饮、沐浴、交通与安全保卫工作的落实,医务监督以及赛事预算的执行状况。

3. 赛后管理工作

赛后管理工作包括各队离赛,运动员、工作人员返回;比赛用品的处理;财务决算;整理相关资料,申报等级运动员及破纪录成绩;赛事工作总结与新闻发布;评比表彰工作等。

（三）控制赛事的过程

为保证体育赛事经营管理过程的顺利进行而采取的一系列活动,称为控制。因为,合理有效地确保体育赛事经营管理系统的各项工作能够正常运转,则是提高经营管理效率,实现经营管理目标的重要手段。

体育赛事经营管理的控制方法主要有以下几种。

1. 计划控制

计划控制是基本的控制方式,主要有三个程序。

（1）总目标的确定以及反映各项指标或标准。

（2）预测在实现经营管理目标过程中会产生的影响因素。

（3）根据现有条件及未来可能受到的影响制定出保证目标实现的措施和办法。

2. 目标控制

采用目标管理方法所进行的控制方式,称为目标控制。通过目标体系的制定,规定各层次的管理目标,并按照一定的方式控制目标的实现。

3.预算控制

体育赛事运营中的资金运转的控制,称为预算控制。用货币的形式制定出各个经营管理系统内的预算,把所有活动都计划到预算的范围之内,从而有效地控制活动运转的一种控制方式。

4.定额控制

经营管理过程中,将人、财、物等资源的效用发挥到最大,实行严格的定额管理的控制方式,称为定额控制。通过制定人员的定编、劳动定额或工作量、物资消耗定额及经费定额等管理措施,有效提高经营管理。

以上所介绍的控制方法,在体育赛事运营过程中,往往会进行综合的运用,只是根据不同的情况,选择的侧重点不同而已。值得一提的是,在我国还有一种基本的控制方法,即政策和规章制度控制方法。它是通过制定相关的政策及规章制度来对体育赛事经营管理进行控制。

(四)赛事收尾与评价

1.体育赛事的收尾

体育赛事结束后,收尾是对体育赛事管理要素的清理工作,这主要表现在后勤工作和竞赛工作中,主要包括以下内容。

(1)竞赛财务决算,平衡账目。

(2)体育场馆内的拆卸和清理工作。

(3)借调的有关人员返回原单位。

(4)器材、设备的归还、转让、出售和处理。

(5)有关体育赛事运营管理部门的财务结算。

(6)通过各种形式对帮助体育赛事运营管理的有关部门、人员表示感谢。

(7)办理各队离赛的各种手续,确保安全、及时离赛。

（8）用于比赛的场地、器材、服装、用具等物资设备的及时归还、转让、出售和处理工作。

（9）汇编、寄发比赛成绩册和其他技术资料。比赛成绩册的编制,应根据各项竞赛规程中有关录取名次和计分方法的规定。成绩册的主要内容依次为：破纪录情况,各单项名次情况,获其他奖励名单及各项目比赛成绩表。

（10）填报等级运动员和破纪录成绩。

（11）移交、整理有关文档资料。

（12）比赛成绩编制和印发。

（13）向新闻单位发布运动竞赛的有关情况。

（14）竞赛工作总结,上报当地党政机关和上级体育部门。属于承办全国竞赛的赛区,还须填报赛区情况统计表。

（15）评比表彰工作,对参与大会工作的单位和个人、支持与协助大会的单位和个人,以及竞赛的各级组织者、指挥者和工作人员进行表彰,表示致谢。

2. 体育赛事的评价

体育赛事评价是指对体育赛事实施仔细观察、测量和监视,这样有利于评估过程的正确性。体育赛事评价可以提供体育赛事的基本轮廓和重要的统计结果,为体育赛事参与者提供反馈,为体育赛事分析和提高服务,在体育赛事管理过程中扮演一个重要的角色。体育赛事的评价结果可以为新闻媒体服务,通过新闻媒体的报道宣传体育赛事所取得的成效,推广体育赛事,为未来可能再出现的重复体育赛事在计划和寻求赞助上打下良好的基础。

第四节　"一带一路"形势下我国体育用品经营与管理

目前,在我国体育产业初步发展的状况下,体育用品业仍然占据着最为重要的地位,也就是说对于体育产业而言,我国仍然是一个体育制造业大国,在现有的条件下,在"一带一路"倡议下,应继续加大体育用品业的发展,提高其经营管理水平,提高体育产业发展的效率。

一、体育用品的概念

随着人类社会的发展、科学技术的进步,人们的物质生活水平提高、闲暇时间增多、健康意识提高,体育运动已经成为大多数人日常生活的重要组成部分,越来越多的人投身到体育活动之中。体育运动的项目越来越多,活动的形式与方法也越来越多样,体育用品的使用在时间和空间上得以延伸。体育用品已不再是传统意义上在特定场合,由运动员使用的具有鲜明特点的专门用品,它与普通日常用品相互交叉渗透,内涵在发生变化,外延在不断扩展。体育用品不仅包括运动员参加各类体育比赛、运动训练时使用的专门体育用品,而且也包括大众健身、运动休闲时使用的体育用品,与日常生活用品之间的界限越来越模糊,穿着轻便舒适、便于运动、随意简约的旅游运动鞋、T恤衫等运动休闲服装都属于体育用品的行列。

基于体育用品在生产领域、消费流通领域和体育活动领域所体现出的本质属性以及体育用品范围的拓展、功能的演变、使用时空上的延伸,对体育用品准确定义越加困难。因此,我们可以从广义和狭义两种角度、两个层次上理解体育用品。

体育用品在狭义上可界定为:专门用于体育运动并符合运动项目规则规定和要求的一种特殊生活消费品,它主要用于竞技体育中的运动竞赛、运动训练。它的设计制造从体育运动的实际出发,其结构性能符合运动项目的特点,符合运动项目动作、技术的要求,有利于运动项目运动成绩的提高和技术水平的发挥,为体育运动发展服务,如跑鞋的设计,要求轻便、合脚、减震、弹性好等,符合跑的技术要求,有利于提高人体跑动的速度。这类体育用品必须达到一定的产品质量标准,符合各运动项目比赛规则要求,是经过产品质量监督部门、体育运动专业协会等有关组织检验、认证的专门用品。

体育用品在广义上可界定为：主要用于体育活动并符合体育活动要求的一种特殊生活消费品的总称，包括体育竞赛、运动训练、健身休闲以及体育教学等所有的体育运动活动中使用的各种体育用品，主要分体育器材、运动鞋和运动服三大类。符合体育运动的一些基本要求，适用于体育运动并维持体育运动的正常开展。这些用品主要用于大众体育健身和一些学校体育活动。一般对其产品的规格、标准要求较低，其中包括许多非正式运动项目、新兴运动项目所用的器材设备，还有一些是非定型产品，甚至替代产品。

二、体育用品的特征

由于体育用品具有体育属性、消费属性和专门属性，在具有商品的一般特征的同时，又具有以下特征。

（1）体育用品是专业性较强的商品，它与体育、运动密切联系，是体育运动、健身、体育休闲娱乐、体育教学的基本物质条件。

（2）体育用品在商品中属于生活消费资料，但不是生活必需用品，它是人们在满足基本生存、生活的基础上，追求健康、文明的生活方式的消费品，属于发展、享受型的生活消费资料用品。

（3）体育用品多与体育运动项目、比赛以及运动技术的发挥密切相关，因此在质量、规格、材料、生产工艺等方面都有相应的要求，并在使用上也要求有一定的专业技术性和专业技巧性。

三、体育用品经营策略决策

体育市场营销是指体育经营单位组织实施的一切与体育市场有关的活动，包括体育产品、价格、渠道和促销四个主要因素的组合。体育市场营销组合决策，是指为有效地引导体育消费者的消费欲望，影响体育消费者的消费行为，综合应用各种体育市场营销手段和方法，以最少的费用获得最大的销售效果的决策行为。

（一）体育产品决策

这里所说的体育产品,是指从体育市场营销的整体观念出发,具有能刺激体育消费者的购买欲望,满足体育消费者需求,维护体育经营单位信誉,增强竞争能力的各种功能的整体体育产品。体育产品决策包括体育产品发展及组合、体育产品设计、商标、包装、服务等方面的决策。

（1）体育产品的结构设计。所谓体育产品的结构设计,是指卖方为了完成一个体育产品的价值交换,对该产品在参与性、娱乐性、表演性和观赏性等方面进行重组,从而设计出一个更为市场所接受的"商品"。在大多数情况下,这个经过设计的"商品"与其原型已发生了相当程度的变化。从这个意义上说,一个市场竞争力较弱的体育产品,经过结构设计后有可能变成一个新上市的颇具吸引力的"抢手商品"。

（2）体育产品的整体概念。现代营销学对产品的理解已从仅仅满足消费者使用需求的实物形态上升为满足消费者综合需求的虚拟形态。即体育市场不仅要向市场消费者提供满足体育运动使用需求的有形产品,而且也要向市场消费者提供满足综合消费需求的服务产品。

（二）价格决策

体育市场中的价格是由体育产品和服务的价值决定的。在体育市场中,经常使用的定价方法主要有三种:成本添加定价、价值附加定价和竞争策略定价。

成本添加定价是指在成本的基础上加上期望获得的利润的定价方式。这种定价方式中的成本是由盈亏平衡的计算公式决定的。它的利润亦称添加量或边际效益。定价公式为:成本 + 利润 = 销售价格。

价值附加定价是指与另一个产品进行比较后将一个产品的使用价值因素增加到价格中去的定价方式。如果一个制作网球的厂家在进行产品试验后发现他们的网球使用周期比另一个竞争对手的产品使用周期高出一倍,他们也许会把自己的产品价格提高一倍。因为消费者会付更高的价格去买更实用的产品。

竞争策略定价是指针对竞争者或市场状况所进行的定价方式。在针对竞争者的定价策略中,常用的方法是将自己的产品与竞争者的同类产品相比较,并在自己的产品上增加更多的附加值以提高价格。在针对市场状况的定价策略中,常用的方法是将自己的产品与相关产品进行比较后进行定价,以争取消费者。如果市场调查揭示某地消费者的空闲时间更多地用于看足球赛或看电影,那么体育市场的组织者就应考虑将足球的票价与电影票价相比,因为电影票价已成为足球票价的影响因素。

影响体育产品价格的因素主要有:成本、利润、市场供求状况、体育产品品质状况、市场价格水准、政府的价格政策、竞争对手的价格策略等。

（三）促销决策

促销决策主要是研究如何促进体育消费者购买体育商品,以实现和扩大销售,保证体育商品顺利地从体育经营单位转移到消费者手中。促销是刺激体育消费、创造体育需求、促进体育产品生产、发展体育市场的重要手段,主要包括人员销售、销售服务公司、广告宣传、营业推广及公共关系等。

（四）渠道决策

渠道决策是指体育商品由体育经营单位到达体育消费者手中所经过的途径及其相应的功能,包括体育商品批发、零售、运输、储存、资金结算等一系列环节。

以上四个方面的功能,事实上包括了整个体育市场营销策略的核心内容。由于上述四个词的英文单词的第一个字母都是 P，故又称"4P"战略。这四个方面的活动都是围绕着如何满足体育消费者需要这个总的目标。所以体育经营单位的体育市场营销，也可以说是在分析体育市场，选定自己的目标市场以后，针对目标市场的需求，最有效地利用本单位的人力、物力、财力资源，趋利避害，扬长避短，设计体育经营单位的经营战略，制定最佳的综合经营方案，以便达到预期的体育经营目标的过程。因此，体育经营单位及经营活动的成败，在很大程度上就取决于经营因素（手段）的选择、组成和应用。

体育市场营销组合理论以系统理论为指导，把影响体育市场经营效果的各个可以控制的因素和手段组织起来，给体育经营单位管理者提供一个科学分析和运用各种体育市场经营手段的思路，以追求体育市场经营的整体效益最优化。

第五节 "一带一路"形势下我国体育产业市场其他行业的经营与管理

除以上所涉及的体育产业外，体育彩票业、体育广告业也是现代体育产业中的重要内容。在"一带一路"倡议背景下，加强体育彩票业、体育广告业等的发展对我国体育事业的发展，以及"一带一路"的发展都具有重要的作用和意义。

一、体育彩票的经营与管理

（一）体育彩票管理的概念与意义

1. 体育彩票管理的概念

彩票是指国家为筹集社会公益资金，促进社会公益事业发展而特许发行、依法销售，自然人自愿购买，并按照特定规则获得中奖机会的凭证。目前在我国,彩票的种类较为丰富,最为人们所熟知的要数福利彩票和体育彩票两大类。不过,由于彩票这种在我国出现较晚的事物没有被公众所了解,以至于很多人对彩票业有许多不正确的认识,甚至是存在某种偏见。例如,有些人认为彩票是一种投资模式而将大量的资金用于买彩票,期待中大奖,但最终血本无归。

随着我国市场经济体制的建立和人们思维意识的转变,人们对彩票的认识也发生了转变。基于我国体育彩票的性质,体育彩票的经营管理可以理解为体育彩票机构与网点通过计划、监督、控制和营销等职能,对体育彩票市场进行开发与维护,以实现体育彩票的发行与销售等一系列活动。

2. 体育彩票管理的意义

(1)支持体育事业发展。通过体育彩票筹集到的资金的主要用途为发展国家各领域体育事业,具体包括支持从事体育产业产品或服务的企业发展、为各领域体育开展购置必需的器材、为专业运动队提供训练补贴、支持青少年运动员培养、为体育科研项目提供经费等,还有设置老运动员、老教练员医疗保健专项资金、国家队运动员备战奥运会资金等。

(2)资助体育场馆建设。体育场馆的建设所需要消耗的资金巨大,即便是一些中小型的体育场馆其造价也是不菲的。为此,为了满足必要的体育场馆建设,每年体育彩票公益金中的一定比例的资金将会用于支持体育场馆的建设、维修、设备更新等工作。除体育场馆外,体育彩票公益金中还有约60%的资金用于支持全民健身活动的场地建设,如青少年体育俱乐部的组织、资助各类群众体育活动、开展国民体质监测等。

(3)支持体育赛事举办。现代的体育赛事不单单是体育比赛本身,它所产生的对周边产业的带动作用是非常明显的,因此备受各方重视。我国在近年来举办了多种项目、多种级别的国内外赛事,为此,体育彩票公益金也为这些赛事的举办提供了一定的资金支持,特别是对于那些商业价值不大的青少年赛事、冷门体育项目的支持作用格外重大。

（二）体育彩票网点的营销实践

1. 体育彩票网点的营销方式

购买体育彩票的地点被称为体育彩票销售网点。体育彩票销售网点的销售方式要能将体育彩票的理念凸显出来。因此,这就需要营销方式较为灵活,能够适应彩票业的发展并满足彩民的需求。具体来说体育彩票网点的营销方式包括店内营销和店外营销两种形式。

（1）店外营销。店外营销是一种在网点周边地区开展的宣传造势营销活动。这种营销方式的优点在于可以利用多种方式的宣传手段,为体育彩票进行宣传,产生一定的公众效应,刺激人们前来购彩,如在网点店庆之时组织一场小型的文艺表演或利用足球盛宴时期组织一些关于足球的游戏活动等。

（2）店内营销。店内营销是每一个体育彩票销售网点所必须要进行的营销方式。对于店内营销来说,首先就是要把店内打造成一个能够展现体育文化的空间,如在世界杯足球赛期间悬挂参赛国的国旗、张贴著名球星的海报等。还有一些注意点包括在店内营造出一个相对安静的环境,以便使得购彩者能够有环境进行思考;店内的卫生环境也是不能忽视的,要注意将购彩者遗弃失实效彩票及时打扫干净;及时更新和公示开奖结果,将结果放置于醒目的位置供彩民查对。

2. 体育彩票网点的沟通技巧

购买体育彩票的过程看似只有购与售两个环节,但为了能够做出出色的营销业绩,与购彩者的沟通和交流也是必不可少的。必要的交流有助于卖方掌握购彩者的购彩心理和他们的购买趋向。鉴于每名彩民的思想不同、购彩方式不同,就需要根据特定情况灵活沟通,即根据不同种类的彩民采用不同的沟通技巧。下面就对几种常见的与不同类型彩民的沟通技巧进行分析。

（1）与习惯型彩民的沟通技巧。习惯型彩民的特点是购买彩票已经成为他们生活中的一部分，购彩成为了一种习惯。这类彩民经常光顾彩票网点。从娴熟度上来看，他们对很多种类的彩票都有所了解，但通常对某一两种彩票格外钟情，日常也会对体育彩票的相关信息进行研究，如会关注涉及彩票场次的足球比赛，还会研究大乐透中的开奖数字规律。习惯型彩民对于彩票的购买习惯很少受到其他因素的影响，他们在购彩时当机立断，成交迅速，并认定自己投注的号码是较合理的。根据这类彩民的特点，在销售彩票时应与其建立良好关系，像朋友一样看待，除做好销售工作外，还可以与其探讨一些彩票购买技巧，体育比赛信息等，使他们感觉到有一种认同感，获得了一位"志同道合"的朋友。当这种心理认同出现后，就有利于向其推销新的彩票种类。不过一些习惯型彩民的购买理念较为极端和理想化，以至于认为彩票是一种风险投资，将大量钱财投入其中。面对这种彩民时，销售方应善意提醒他们要正确认识彩票的性质，理性购彩。

（2）与理智型彩民的沟通技巧。理智型彩民在购彩时主要表现为善于观察、分析和比较，购彩较为严谨，并真正了解彩票的根本性质。这类彩民购彩不求投入较多资金，但重视自己做出的数字决定，为此他们不惜大量研究相关规律和比赛信息，深思熟虑后才付诸购买行为，这一过程基本不会受到他人思维或广告推荐的影响，这种研究的过程也是其获得购买彩票的快乐感之一。针对此类彩民的特点，销售方的沟通主要应该从向其提供较多资讯入手，并且介绍一些相同类型的彩民给他认识，以此获得信任感。需要注意的是，面对此种类型的彩民不要做过多的产品推荐，不要贸然给予其购买建议，如此很容易得到理智型彩民的反感。

（3）与冲动型彩民的沟通技巧。冲动型彩民的特征是选购彩票的能力较弱，心理反应活跃，情感变化快。这类彩民较易受到舆论的影响，而且从众心理较重，在周边的影响下即便自己对彩票并不是很了解也不会打消购买的念头，更不会去仔细研究和比较,往往跟风草率购买。对于与这类冲动型彩民的沟通要简单和直观,争取在其思维还在"温热"的阶段鼓励其购彩,并在选择时给予充分的建议。

(4)与随意型彩民的沟通技巧。随意型彩民的特征通常为购彩行为缺乏主见,甚至在购彩时更多地选择机选,或者由他人推荐一组数字投注。与这类彩民沟通时要充分表现出销售者对该领域的了解度,让彩民感受到销售者的推荐的"权威"。但需要注意的是,随意型彩民只是在选择彩票的时候表现出随意,而对于购彩的目的则丝毫没有动摇,即通过随缘性的购买获得意外大奖。为此,为了激发他们的购买欲望,可以通过采用增加体育彩票网点人气或着重宣传此网点的中奖情况的方法刺激其购买欲。

二、体育广告的经营与管理

(一)体育广告管理的概念

目前,我国的广告界对于广告的经营与管理进行的是分别确定,两者并不完全等同,因此对于体育广告的经营与管理来说也是不同的。体育广告经营,是指经国家广告管理机构注册的广告公司,运用其拥有的知识、人才和技术优势,对广告主提供体育广告活动的策划创意、设计制作、组织执行以及媒介发布等方面的服务,在帮助广告主增加产品销售和建立品牌形象的过程中,实现自身经济收益的行为;体育广告管理,是指广告公司或公司内部的组织机构以及行政、人事、财务等多项内容的管理,还包括自身所从事的体育广告经营业务的管理。

为了更好地说明实际当中遇到的体育广告相关问题,这里我们将体育广告的经营与管理合并来探讨,以便对这一问题的理解可以更加直观。

（二）体育广告的策划流程管理

现代体育广告活动已从过去的单纯向受众传递产品或服务信息的推广活动,发展为目标明确、知识交融、创意新颖、艺术高超的整体战略活动。然而要想达到这样的效果,就必须对体育广告运作中涉及的各个环节进行细致研究和反馈完善,这是一个周而复始的过程,需要较长一段时间的验证。

对于体育广告的策划,其本质就是一种对广告的决策,不同层次的体育广告决策产生体育广告战略和体育广告策略,在体育广告战略和体育广告策略指导下制定体育广告计划,按照体育计划的设计进行体育广告制作和体育广告实施,最后以体育广告目标为依据,对体育广告传播效果进行评估。

一般的体育广告策划流程包括四个阶段,分别为市场调研阶段、决策计划阶段、执行实施阶段和评估总结阶段。这其中的每个阶段都有其重要的作用,缺一不可。在每个阶段内还包括有更加细致的管理工作,由此构成了相关策划流程管理结构图,如图6-2所示。

1. 市场调研阶段

市场调研始终是体育广告策划前期必不可少的工作,它是针对企业的营销目标,收集、整理和分析与企业广告活动有关的信息,为广告决策者提供决策依据的工作。只有在做好充分的市场调研后,以此为基础策划出的广告的效力才可以说是有效的,因此这个阶段的工作最大的意义就在于能够尽可能地降低广告决策失误的风险。在体育广告市场调研的工作内容主要由消费者调研、产品调研和竞争者调研三大环节构成。

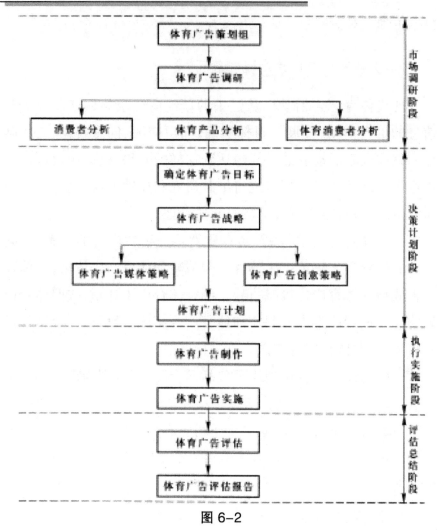

图 6-2

（1）消费者调研

消费者调研的对象是有体育消费意向的目标消费者,这个群体是广告的需求对象。因此,体育广告的推出无疑是为了满足这一群体的需要而来的,能否抓住他们的心,就成为了体育广告是否成功的关键。对目标消费者的调研方式通常为消费者的年龄层次、性别比例、消费能力、关注的体育热点、对其他体育品牌的钟爱程度等。另外,还需要对消费者的体育消费目的把握清晰,如他们消费的目的是健身、追求时尚、追求技能提升还是蹭社会热点等。

（2）产品调研

体育广告是为某种体育产品或体育服务进行宣传的信息传递工具。因此,体育广告的策划方首先要对所宣传的产品或服务有深入的了解,只有这样才能发掘其中的卖点,并且能够给予产品或服务准确的市场定位,以及确定可能的受众群体。而没有经过深入的产品调研就策划出的广告大概率不会获得预期效果。

（3）竞争对手情况调研

现如今体育产业的发展已经进入到了快速成长期,由此使得许多广告公司都将目光对准了新兴的体育广告上。一时间,从事体育广告策划的公司越来越多。要想策划出好的体育广告,除了做好必要的准备工作,还要了解竞争对手的同类型广告的制作情况,甚至包括要了解竞争对手的体育广告定位、广告媒介策略、广告制作投入情况等深层次信息。[①]

2.决策计划阶段

在体育广告的决策计划阶段中涉及的主要内容如下。

（1）制定体育广告目标

体育广告目标的制定是决策阶段中最为核心的工作。任何体育广告的设计都是有目标的,这个目标的确定将会成为之后诸多决策的基础,同时也为最后的体育广告效果的评估提供原始依据。

（2）确定体育广告目标受众

不同类型的受众有不同的广告需求和接受度。为此,确定体育广告的目标受众需要根据产品或服务提供的主要对象来判断。如果受众为高端人士,那么在广告中就要更多突出高贵与身份的概念,以期满足高端人士获得自我实现的需求;如果受众为大部分的普通大众,那么在广告中就要更多强调便捷、便利和性价比高的概念,以期满足普通大众最广泛的体育需求,不致使他们产生太大的距离感。

---

① 余序洲.广告管理[M].武汉:华中科技大学出版社,2015.

（3）制定体育广告策略

制定体育广告的策略主要包括对广告主题、广告创意和广告媒体等的策划方式。

（4）确定体育广告的竞争对手

目前有许多策划同类体育广告的竞争对手，为了在竞争中占据优势，应当明确主要的对手是谁。在确定之后如果两家在同类产品中有许多重合的产品，为了获得竞争的主动，可以采取"田忌赛马"式的产品分层广告形式来应对。[①]

3. 执行实施阶段

体育广告策划的执行阶段是前期一些调研准备和决策的具体实施阶段。这一阶段的工作是否卓有成效直接关乎体育广告效果能否达成。

（1）确定体育广告表现

所谓的确定体育广告的表现实际上就是进行体育广告文案、广告构图、广告视频、广告色彩等方面的设计。精致、美观、宣传点突出、带有十足新意的广告更容易被受众所接受和记住。

（2）制作体育广告

制作广告是执行实施阶段的关键，制作水平直接影响广告的视听效果。影响体育广告制作的因素包括文案水平、视频制作水平以及音频剪接水平等。

（3）推出体育广告

推出体育广告阶段是把体育广告成品提交有关部门接受审批，审批通过后交于各种宣传媒体（电视、广播或互联网），然后按与这些媒体签订的广告投放合同中的规定推出体育广告。

4. 评价总结阶段

在评价总结阶段中，主要的任务为收集体育广告传播的反馈信息，以此作为评定前期体育广告策划与实施的效果的依据。然

---

① 田明华. 广告学 [M]. 北京：清华大学出版社，2013.

后再以此为基础,对之前工作中的不足予以完善,并对效果良好的部分加以总结和改良,以便日后还能发扬优势。上述这些内容都需要以书面报告的形式落实,切不可将这一流程形式化。

第七章　"一带一路"形势下我国竞技
体育产业的发展战略研究

在"一带一路"的大背景下,我国竞技体育产业迎来了前所未有的大好形势,因此,竞技体育产业、竞技体育服务业、职业体育服务业、职业体育俱乐部等各领域要把握时代的脉搏,强调交流与合作,让自身发展得更稳定,更繁荣。本章就来研究"一带一路"形势下我国竞技体育产业的发展。

第一节　竞技体育产业理论与发展研究

一、竞技体育产业的基本理论

（一）竞技体育产业的相关概念

通常来说,可以这样来理解竞技体育产业:以竞技体育为核心,围绕体育运动项目进行商业产品开发的结果。从体育产业的发展来看,竞技体育产业与赛事和服务均有着相当密切的联系,具体来说,竞技体育产业直接提供的产品是体育赛事,而竞技体育产业的本质属性是服务。一般来讲,高水平、高质量的体育赛事,能够全面、有效地刺激大众进行体育消费,进而让整个体育产业的发展受到推动和促进。

随着体育产业的提出,竞技体育产业因其巨大的经历效益和广泛的社会反响成为体育产业中的重要内容,并且很快奠定了其主体地位。

1. 竞技体育产业的概念界定

关于竞技体育产业的概念,不同学者和专家在理解上均存在着一定的差异。其中,下面的理解最具代表性。

张庆春、马国义认为,所谓的竞技体育产业,就是竞技体育服务消费品的生产链条双向延伸、要素优化组合、三个效益统一的经济体系,说简单点,就是以俱乐部为实体,以运动员的竞技表演为基本商品,为产生最大化的利益而形成的经营体系。

2. 竞技体育产业的基本要素

竞技体育产业由许多基本要素构成,可以说,每一个基本要素都会对竞技体育产业产生重要的影响,都不可以被忽略掉。

针对竞技体育产业的基本要素,辛利、郑立志等学者是这样定义的:竞技体育产业化经营的基本要素是一个很繁杂的系统工程,其中包含着很多具体的环节,通过对其内涵进行分析,把其主要的构成因素提炼出来,包括这几个主要因素,分别是龙头竞技体育项目、竞技体育项目基地、竞技体育俱乐部、消费者等。

(二)竞技体育产业经营的阶段划分

竞技体育产业在经营上具有明显的阶段性特征,因此,在不同的阶段,竞技体育产业的政策方针和发展重心是各不相同的。一般地,从竞技体育发展的角度来看,可将我国竞技体育产业经营大致分为三个阶段,分别是酝酿阶段、起步阶段以及发展阶段。

第一阶段为酝酿阶段(1979—1991年)。在这一阶段,我国开始实行改革开放,并提出体育社会化的指导方针,竞技体育产业体现出的主要经营特点是从开始由国家包办,逐渐转变为由社会来承办。

第二阶段为起步阶段(1992—1997年)。在这一时期,我国确立了社会主义市场经济体制,对竞技体育的直接影响就是体育产业朝着市场化、职业化和实体化方向发展。

第三阶段为发展阶段(1997至今)。在这一时期,政府非常重视竞技体育产业的发展,社会对竞技体育产业的重视程度也日益提高,原因是随着国家经济不断发展,人民生活水平日益提高,因而体育产业成为国民经济新的增长点。此外,通过各种形式的资本运作,加快了体育产业整体的发展速度,而体育产业的经营管理也越来越规范。随着"一带一路"倡议的布局与实施,势必会给国家经济发展增添新的动力,也势必会带动体育产业向前发展。

(三)竞技体育产业体系构成

毫无疑问,竞技体育产业在体育产业中始终处于核心地位,对整个体育产业的发展起到决定性的影响和至关重要的作用。具体来说,竞技体育产业体系构成的划分如图7-1所示。

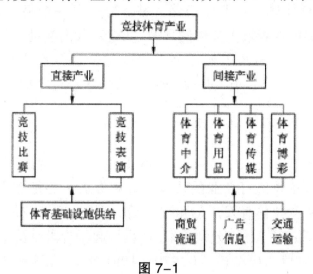

图 7-1

二、竞技体育产业在体育产业中的地位

体育产业中包含很多的子产业,但通常以竞技体育为切入点和中心环节来进行开发和运作,究其原因,主要还是竞技体育具有独特的魅力,能吸引众多的参与者和爱好者,并逐渐成为许多

国家的新产业增长点。总体来讲,竞技体育产业在体育产业中有着非常重要的地位,具体表现在以下几个方面。

（一）竞技体育市场与健身娱乐市场

竞技体育产业与健身娱乐市场看似是相互独立的,但实际上二者是相互交叉的,联系密切。从某种意义上来说,竞技体育产业的发展能为健身娱乐市场的发展起到积极的带动作用。

另外,竞赛表演市场与体育无形资产市场、体育媒体市场、体育博彩市场、体育广告市场及体育旅游市场都有充足的联系,因此,如果能有效占领竞赛表演市场,那么,实质上其已经将体育无形资产市场、体育媒体市场、体育广告市场的主动权把握在自己手中。

此外,如果想提高自身在竞技体育市场的占有率,还可以结合体育赛事的举办来对相关产品进行宣传与推广,利用知名体育运动员的明星效应来给产品做代言,提高产品的知名度,从而做到以体促销、以销助体。

（二）竞技体育市场与产权市场

随着竞技体育的产业化进程不断推进,竞技体育的社会化发展也取得了一些突破,其主要表现为经营范围不断扩大,以体育竞赛为名义开展的各类经营集资活动,同时兼备体育产品的特许使用权及纪念品的开发经营。

在竞技体育市场中进行产品开发和产权保护,都对此前发育并不成熟的中国体育产业和体育市场起到了推动的作用,也显示出竞技体育的优势。从此可以看出,竞技体育业在体育产业中具有龙头地位。

（三）竞技体育市场的职业化优势

近年来,竞技体育市场的职业化发展已经愈发成熟,同时,也确定了适合社会主义市场经济体制的体育主体产业发展道路,这对于竞技体育产业不断繁荣起到积极的作用。当前,我国体育产业形成了"现代企业＋俱乐部＋体育协会"的一体化经营组织,这也在一定程度上推动了竞技体育比赛市场的进一步发展。可以说,竞技体育产业的运作过程严格按照现代企业的管理制度来进行,彰显出显著的活力,在体育产业中占据主导地位,因此,能有效带动体育产业市场快速向前发展。

三、我国竞技体育产业发展中存在的问题

当前,我国竞技体育产业不断激发新的生机,并在某些运动项目中呈现出良好的发展势头。竞技体育产业的投资不断增加,自身价值不断增长,体育资源愈发丰富,经济效益和社会影响力日益提升。然而,当前我国竞技体育产业的发展依旧面临几个十分突出的问题,这些问题严重制约了竞技体育产业的发展水平,因此有必要全面深入地分析这些问题,寻找到解决策略,使我国竞技体育产业乘着"一带一路"的东风,实现更繁荣的发展。

现阶段,我国竞技体育产业发展中遇到的问题与瓶颈主要表现在以下四方面。

（一）产业结构的合理性有待提升

在发展较为成熟的竞技体育产业中,竞技体育竞赛业往往是竞技体育产业的主导产业,比如欧美竞技体育产业中居于主导的行业就是竞赛业。但是对于我国竞技体育产业来讲,因为起步比较晚,运作上依旧缺乏规范性,尤其是市场开发价值较高的中超联赛、CBA 联赛,虽然近年来因为大量的资本注入而提升了竞技水平,但在产业的开发和发展上依旧落后于欧美的英超联赛、NBA 联赛。

除此之外,在我国竞技体育产业中占据较大比重的基本是体育用品制造业,这就明显地体现出体育产业结构的不合理性。鉴

于此,要求对竞技体育竞赛业的开发要具有针对性,从而使其在体育产业的比重进一步提高。从某种意义上来说,这一举措与我国转变经济发展方式、优化经济结构、大力发展以服务业为主的第三产业的经济发展方针是相符的,因此,要高度重视这方面的工作。

（二）地区间竞技体育产业的发展失衡

从我国的发展来看,全国各地区域竞技体育产业发展并不平衡,导致这一问题的决定性因素是地区间经济发展的不平衡。就拿竞技体育用品生产来说,我国体育用品制造的企业往往集中于东南沿海地带,以福建省为典型代表,很多体育用品的生产企业都汇集于该省。而从竞技体育赛事方面来说,北京、上海、广州等一线城市往往具备很强的影响力,具有较高的市场开发价值,因此,很多国内外重大体育赛事基本都将京沪穗视为首选举办地点。

（三）行业垄断设置壁垒

现阶段,我国竞技体育产业的发展依旧存在市场化程度较低,市场机制运行不稳的状况,出现了行业垄断、地方保护、限制经营等种种问题。尤其对于某些运动项目来说,其管理中心等准行政机构往往会通过行政手段强行干预,对项目市场进行垄断和分割,这对于一些社会企业来说无疑是十分不利的,因为项目市场筑起过高的壁垒,这也是项目市场无法呈现出崭新发展的主要因素。

（四）出现严重的信任危机

发展竞技体育产业的主要目的是实现商业利益的最大化,充分满足竞技体育消费者的需求。而竞技体育的本质是服务,只有消费者的消费需求在竞技体育产业提供的价值或商业价值中得到了满足,才能真正实现竞技体育产业的发展目标。

目前,我国竞技体育产品的国产品牌依旧处于相对尴尬的境地,在与国外的著名品牌的竞争中依旧处于下风,而市场上出现的众多国内外体育品牌也导致了消费者的分流。有一些中小体育企业的市场不断走向低迷,直到被市场所淘汰,很大一部分原因就是竞技体育市场中曾出现严重的信任危机,具体表现在三方面。第一,体育经济的相关制度缺乏稳定性;第二,产权制度权责没有明晰;第三,政府过分管制,且管制效率较低。

第二节 "一带一路"形势下竞技体育服务业的发展

随着现代竞技体育的不断发展,竞技体育相关服务业也随之得到了快速的发展,而在"一带一路"倡议下,竞技体育服务业有着独到的优势,可以说竞技体育有着广大的受众,这有利于构建一个健全和完善的竞技体育服务体系。

一、竞技体育服务业概述

(一)竞技体育服务业的经济特点

竞技体育服务业在经济方面的特征相对显著,其具体特征主要包括以下三个方面。

1.规模大,耗资多

现阶段,我国社会经济的发展趋向呈现出生产社会化、生产现代化、生产国际化的发展特点。在我国社会经济发展走向的影响下,国家体育的运动规模、赛事数量、竞技水平均有不同程度的提高。对运动竞赛进行分析,能够发现不论运动竞赛属于哪种项目、哪种性质,其规模都处于不断扩大的趋势。这个趋势在部分世界性体育大赛,如国际足联世界杯、奥运会中表现得尤为明显,当前,国际性大型体育赛事在项目设置、参赛国家数量、参赛运动员人数上都表现为持续上升的走向。

当前,在持续加大运动竞赛的办赛规模,运动竞赛的项目数量、运动员数量均在持续增加的趋势下,进而导致国际大赛的成功举办需要有巨额资金来保障。一般来说,在大规模体育赛事中投入巨额资金主要有两大方面的用途:第一,用于运动赛事所需的场地设施建设;第二,用于运动赛事的组织工作。与建设场地设施相比,组织运动赛事所需资金相对少一些。虽然举办大型赛事需要花费巨额的资金,但是赛事的回报也是相当大的。就拿2008年北京奥运会来说,在该届赛事上中国成为世界瞩目的焦点,其意义已经远远超过了体育赛事本身,我国在这届赛事上充分宣传了国家的形象,带来了巨大的有形资产(门票收入等)和无形资产(国家宣传带来的巨大价值)。

2. 经费来源与经济实体的结合日益密切

在运动竞赛规模的持续拓展的情况下,对经费的需求也是越来越高,当前,紧靠政府财政拨款已经难以满足大规模体育赛事的经费需要。因此,要充分发动社会的力量,积极利用体育企业、商业机构、其他行业财团等多方力量,尽可能激发这些机构的积极性,得到更多的赞助,进而为赛事的成功举办保驾护航。因为运动竞赛自身本来就具有很大的影响力,具有独特的魅力,所以举办大型运动竞赛是十分光荣的,常常会受到全国,乃至全世界人民的广泛关注,因而能够有效激发商家企业赞助的积极性。由此可知,运动竞赛经费来源与经济实体有机结合,是竞技体育服务业的主要经济特征之一。

3. 运动竞赛经营手段的市场化程度较高

现代运动竞赛的显著特征是规模宏大、耗资巨大,然而在政府投入有限,甚至是有所缩减的情况下,很有必要实施相关措施,充分开发和发挥体育竞赛的经济价值与附加价值。此外,举办运动竞赛还需始终牢记市场经济基本原则,通过相关运行机制来全面推进运动竞赛经营活动的筹划工作、市场开发工作、组织工作和运作管理工作。

（二）竞技体育服务业相关要素的分类

竞技体育服务业由主体和运动赛事两部分组成，根据不同的分类标准，能把这两个组成部分分成多个类型，具体分析如下。

1. 竞技体育服务业主体要素的分类

以市场主体作为划分依据，可将竞技体育服务业主体分为供给主体与需求主体这两种类型。供给主体是指体育赛事组织机构中的运动员、教练员、科研人员、经营管理人员等；需求主体则是指观众、体育媒体、体育企业等。

2. 竞技体育服务业竞赛要素的分类

（1）以赛事性质为依据的分类

以赛事性质来划分，竞技体育服务业赛事的主要类型有职业联赛、商业性体育赛事、不同项目的单项竞赛、综合性比赛、社会体育竞赛。

（2）以赛事经营管理权限为依据的分类

以赛事运营管理权限来划分，竞技体育服务业赛事的主要类型有正规比赛、商业性比赛、群众性体育比赛。

二、竞技体育服务业的发展概况

（一）职业体育赛事

对于运动竞赛市场来说，职业体育赛事是其重要的构成要素之一。在全世界体育职业化与商业化的发展潮流之中，诸多体育赛事已经发展成家喻户晓的著名赛事，受到越来越多的关注。现阶段，足球、篮球、排球、乒乓球等项目已经发展出成熟的职业赛事组织，职业体育俱乐部的数量越来越多，其收入结构源自于赞助、冠名、门票、转会、电视转播权等多个方面。

就现阶段我国体育运动项目的具体市场发展情况进行分析，有个很明显的问题就是发展不均衡。通过深入分析，把进入市场的体育运动项目大概分类为三个类型，具体如下。

（1）以中超联赛、CBA联赛、排球联赛和乒超联赛为首的全国"四大联赛"，其特征是已经形成稳定的市场规模，有着稳定的观众与球迷群体，得到了新闻媒体与企业界长期关注与认可。

（2）体操、跳水、散打、摔跤等具有市场开发潜力的体育运动项目。对这些项目尝试开发，能够初步确定和建立竞赛市场管理模式。

（3）射击、棒垒球、举重等市场化趋势尚不明显的体育运动项目。虽然这些项目有尝试市场化运作的可能，但其市场发展速度相对缓慢，有待提高。

（二）商业性体育赛事

在竞技体育服务业中，具有很大商业价值的商业性体育赛事同样是重要组成部分。为了进一步发挥出竞技赛事的商业价值，相关人员往往会对赛事进行资源开发、策划包装、市场经营等工作。近些年来，我国举办的商业性赛事不胜枚举，在发展过程中体育比赛在某种意义上来说已经成为一种商品，并在市场中展开交换，这在很大程度上拓宽了竞赛表演体育服务业的发展空间。在经济体制改革不断深化的背景下，市场和体育竞赛日益融合，体育比赛在积极充当商品的同时，也在积极凸显自身价值。借着"一带一路"的形势，体育竞赛表演业势必也会赢得更多的机遇。

近年来，我国成功举办了多项商业赛事，在足球上有国际冠军杯赛，篮球有NBA中国赛，赛车有F1中国大奖赛，网球有中国网球公开赛、ATP年终总决赛和上海大师杯赛，受到了全世界体育爱好者的广泛关注。在这些赛事顺利运营的背景下，相关的商业化运作方式也逐步进入到我国竞技表演体育服务市场之中，在很大程度上满足了我国居民观赏高水平体育赛事的需求，也切实推动了我国竞技表演体育服务业的健康发展。然而，现阶段我国大型体育赛事市场运作通常采取行政主导模式,这对我国竞赛表演体育服务业的市场化发展是相当不利的。当下,需要指引和推动体育赛事从传统的行政主导模式逐步转化成市场主导模式。

（三）社会体育竞赛

大众竞技体育运动覆盖了很多方面,其中社会体育竞赛和其余体育竞赛有很大的差异。通过深入分析了解,社会体育竞赛是众多社会成员进行体育运动的重要途径之一,而竞赛的内容以身体运动技术和身体运动能力为主,具有更多的娱乐色彩。在我国社会经济健康发展的大背景下,居民的生活水平不断提高,参加大众健身的欲望愈发强烈,社会体育竞赛能够在很大程度上满足居民的实际需求。由此可知,社会体育竞赛不但是社会体育的重要组成部分,还是实施全民健身计划的关键载体。

不同种类社会体育竞赛服务往往具备相似的功能,具体是带动居民参与到健身活动之中,全面促进全民健身活动的实施。在我国,社会体育竞赛的发展处于一个空前良好的局面,现阶段,我国社会体育竞赛项目主要包括竞技类项目、传统趣味性项目、气功保健类项目、社交类项目、休闲类体育项目等。在社会体育竞赛服务运作方面,政府主管部门、社会体育组织、社区街道等是重要参与机构。

（四）大型综合性运动会

大型综合性运动会在我国一直是传统体育赛事,它不仅在推动我国体育事业、提高体育竞技水平上发挥重要的作用,而且对我国经济发展水平和社会进步也具有积极意义。大型综合性运动会不断加强市场开发,是发展社会主义市场经济和深化改革体育体制的必然要求。

作为大规模综合型运动会的代表,全运会在国家有限的财政拨款的基础上,还需要举办地的承办政府想方设法筹集所需经费。近年来,各级承办政府加大市场开发力度,动员社会力量来筹集办赛经费,取得了明显效果,主要的开发方式有积极掌握和利用等级赞助商、赛事与活动冠名、代表团赞助、电视转播权等。

要想从根源上健康发展社会主义市场经济,并深入改革体育体制,就要不断强化大型运动会的市场开发,举办出有特色、高水平、影响广的大型综合运动会。在此基础上,才会让竞技体育服务业的发展进程得到有效推进,才会使竞技表演体育服务市场更加繁荣,进一步挖掘和开发竞技体育赛事的无形资产价值。

第三节 "一带一路"形势下职业体育服务业的发展

在高度发达的竞技体育中,职业体育服务业也得到了极为迅速的发展,其中最有代表性的便是职业体育经纪人的出现和发展。在当前"一带一路"倡议的背景下,对于职业体育服务业而言是一个良好的发展契机,要紧跟时代发展的形势,不断向前发展。

一、职业体育服务业概述

(一)职业体育服务业的含义

职业体育运动发展至今已达到 100 多年,其属于体育运动发展到特定时期的特殊产物。在生产力迅猛提高的背景下,人们在竞赛表演体育服务产品方面的有着更多的需求。在媒体传播的作用下,全世界运动项目的职业化趋势更加显著,因此,职业体育服务业在体育服务业中具有更加关键的作用。

想要掌握职业体育服务业的内容,就要深入理解和掌握职业运动员以及职业体育的相关知识。职业运动员是指专门从事运动训练和体育竞赛表演的人员,他们通过比赛或演出获得相应的报酬,并以此为生活来源;职业体育是指严格按照市场发展的基本经济规律,把职业运动员和体育赛事及其附属产品视作商品来进行经营和管理,并取得相应经济效益,这是一种体育经济活动。

参照职业运动员和职业体育两方面的含义,就可以对职业体育服务业进行定义。职业体育服务业是指由不同种类的职业体育俱乐部组成,以体育竞赛和体育表演的方式,向市场提供可供人们欣赏的体育服务产品的相关组织机构和活动的集合体。

（二）职业体育服务业的特征

当市场经济发展到一定规模后,职业体育服务业应运而生。职业体育服务业的特征包括以下几点。

（1）实施职业化运作的体育运动项目在竞技水平和观赏方面具有显著的特征。

（2）职业体育服务业在体育市场中具有很大的消费需求。

（3）参与运作的体育经营集团或者体育中介公司具有显著的系统性和严谨性。

（4）运作机制的特点是以营利为目标,基础条件是雇佣劳动,发展方向是运动员获得高水平的收入。

（三）职业体育服务业的构成

1. 运动项目

职业体育服务业经营管理的基础条件是运动项目,而运动项目发展成职业体育服务业运动项目的关键因素是其要具有一定的市场价值。一般来说,职业体育服务业运动项目是否存在市场价值,可以从以下两方面进行判断。

第一,该项目的比赛是否具激烈,是否具有吸引力;第二,是否具备浓厚的民族传统氛围,是否有深厚的群众基础,并深受广大群众喜爱。而评判运动项目市场价值的重要因素是电视转播价值与广告价值。

目前,世界各国广泛开展的运动项目大约有 100 项,其中深受世界人民所喜爱的运动项目有足球、篮球,还有一些项目在某些区域的国家和地区十分盛行。

2. 运作机构

对职业体育服务业进行分析后可知,其构成的要素包括职业体育经营机构、职业运动员、裁判员、教练员、中介机构、广告商、赞助商、观众、媒体转播机构等。职业体育经营机构在职业体育服务业中不仅是市场主体,还是重要的运作机构。而职业体育服务业的运作机构主要包括职业体育联盟与职业体育俱乐部。

(1)职业体育联盟

为了获取更多的商业利益,职业队伍的业主往往会把经营权委托给一些特定组织或专家,促使他们代表队伍的利益,而在经营与管理中采用的联盟制度,就构成了职业体育联盟。职业体育联盟是将现代企业制度规范参照一定的标准,从而构建出经济方面的合资企业,其具体特点是法律方面的合作实体、所有权、经营权彼此分割。职业体育联盟的本质特点是利用垄断经营来达到利益最大化。

(2)职业体育俱乐部

职业体育俱乐部是拥有独立法人资格的体育经济实体,具有独立经营、独立获取利润的权利,当然也要独立承担风险,通过职业体育赛事和有关产品的生产经营来获取收益,同时可以在一定程度上使体育爱好者的体育需求得到满足。通常情况下,职业体育俱乐部具备企业性质和企业运作机制。以俱乐部的性质为参照标准,可分为营利性和非营利性两种。

营利性职业体育俱乐部是以贯彻市场机制进行经营运作,以体育赛事为重要手段,将获取利益作为主要目标的体育商业组织。对于经营者来说,职业体育俱乐部在实质上是他们的私有财产,而经营者与运动员、教练员的关系为雇佣关系。职业体育俱乐部在经营管理和商品流动中获得的利益,可以由经营者与运动员共同分享,但总体上大部分归经营者所有。

非营利性职业体育俱乐部通常由业余体育俱乐部分化产生,

其实施策略是"一部两制"。非营利性职业体育俱乐部通常是一支彻底采用市场机制运行的职业队伍,然而剩余主体与正常业余体育俱乐部别无二致。非营利性职业体育俱乐部的主要目标是想方设法获得创收,使运动员的生活、训练、比赛方面的问题得到彻底解决。对于非营利性职业体育俱乐部来说,联赛升级和降级是等级联赛制的重要基础。

二、职业体育服务业在经营管理上的发展概况

(一)职业体育服务业的运作管理特征

职业体育服务业由体育和商业共同构成。管理职业体育服务业在运作上的本质内容是把职业运动员的体育竞赛表演和相关产品当成商品来经营,并获得预期的经济效益。

1.属于具备必要资产或者经费的企业型法人实体

职业体育俱乐部由投资者、经营者、管理者、运动员、教练员共同构成,因为职业体育俱乐部是具备独立经济利益的经济实体,所以要求具有独立管理的机构和方式,同时其属于采用企业式的运作管理方式,不依靠其他事物而独自存在。当正式到所属协会进行登记注册后,职业体育俱乐部就将具备法人权利与义务。职业体育俱乐部应当严格依照相关法律与规定,进行科学的经营活动,主动参与相关竞争活动。在经济方面,职业体育俱乐部要独立进行筹集资金、经营管理、享受盈利、承担亏损,也要遵守国家法律,承担应尽义务。

对于所有体育俱乐部投资者来说,经营一家俱乐部的首要目标是实现利益最大化和资本增值。现阶段,职业体育俱乐部在运作管理形式上已具备了企业的要求,建立了可行的运行机制。职业队的价值是决定体育俱乐部发展的关键因素,而职业队各方面价值的源头是职业体育俱乐部存在雇佣关系的运动员。原因在于优秀运动员在竞赛过程中可以吸引体育消费者的目光,可以提

高社会企业参与赞助的积极性,赚取更多的转播收入和门票收入,大幅提升俱乐部的经济效益。

2. 以体育竞赛为媒介,把竞技体育服务当成商品来生产经营

从体育商品的角度出发,职业运动员在比赛过程中展现的运动能力、个性特征、竞赛风格,均能在一定程度上刺激体育消费者的实际消费状况。举个很简单的例子,高水平、著名运动员的比赛会吸引到众多的观众和支持者前来购票观看。职业体育俱乐部运作管理就是利用多种途径使运动员的水平进一步提高,不断优化和完善竞赛活动的具体组织,将体育消费者消费对象转化为一种体育竞赛表演的服务产品,最终大幅促进经济效益和社会影响力。因此,要给予体育消费者高品质的体育产品和服务,尽量满足体育消费者的实际需求,这是决定职业体育服务业运作管理成效的关键性要素。

3. 职业体育服务业的运营以营利为目标

在以市场经济体制为主导的发展环境下,职业体育服务业经营管理必须要积极适应市场规律。故而,体育服务业在提供相应的服务和产品时,以及不断满足社会的需求时,应将部分注意力放在自身效益上,只有这样才能使职业体育服务业健康发展。立足于某个角度进行分析,职业体育服务业进行运作的目的是谋求自身利润。

(二)职业体育服务业的经营结构与人员管理

1. 职业体育服务业经营管理的组织结构

一般来说,每个职业体育俱乐部都有属于自身的组织结构。详细分析就是,组织结构属于可以承担民事责任、拥有法人资格的经济实体。在职业体育俱乐部中,董事会和特定职能部门是常见的组织结构。俱乐部主席是俱乐部的主要领导,主要职责是领导俱乐部董事会,此外还设有总经理,主要职责是管理俱乐部职

能部门,对董事会负责。除此之外,宣传公关部和市场开发部也是十分重要的部分,需要重点管理,在工作中进行细致的业务活动。只有各部分分工明确、联系紧密,职业体育俱乐部才会有好的发展。职业体育俱乐部的组织结构如图 7-2 所示。

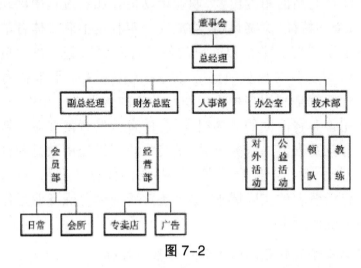

图 7-2

2. 职业体育俱乐部的人员管理

职业运动队是职业俱乐部社会效益的源头,换句话说,职业运动队是职业体育俱乐部存在的基础条件,在职业体育俱乐部的各个要素中占据核心地位。

在职业运动队中,管理运动员的常见方式是与运动员签订合同,也就是采取合同制来管理队伍。所谓合同制,就是聘方与受聘方采用契约确定和建立双方的劳资关系,具体责任、权利、利益会在合同中详细说明,且该契约受到国家法律的保护。对于体育协会和职业俱乐部来说,职业合同是构建两者关系的法律条件。对于职业体育俱乐部自身来说,其与职业运动员签订合同的常见内容是具体工作内容、工资、体格检查、差旅费用、纪律规范;与其职业教练员签订合同的常见内容是具体工作内容、薪资制度、工作目标、工作时间。

第四节 "一带一路"形势下职业体育俱乐部的发展

如今,各种类别的体育俱乐部都在朝着专业化的方向不断发展,体育俱乐部的数量与规模也在不断增长。而体育俱乐部是体育产业的重要组成部分,推动体育俱乐部的科学经营与管理对于我国体育产业的发展具有非常重要的意义。由于我国现存多种俱乐部,像职业体育俱乐部、高校体育俱乐部、商业健身体育俱乐部、青少年体育俱乐部等,因为职业体育俱乐部具有独特的竞技性,所以本节主要研究职业体育俱乐部。因为职业体育俱乐部隶属职业体育服务业,因此已在第三节对其有了一定的涉及,而本节将对职业体育俱乐部本身的相关特点和相关发展进行补充。在"一带一路"倡议下,如何采取有针对性的措施和手段加强职业体育俱乐部的发展是一个值得深究的问题。

一、职业体育俱乐部概述

（一）我国职业体育俱乐部的组织机构

职业体育俱乐部是职业体育产业的基础发展形式,对其经济实体的要求是具备法人资格,能够独立承担法律责任,因此职业体育俱乐部具有一定的组织形式与结构。

具体来讲,我国的职业体育俱乐部主要包括以下三种形式。

1. 股份有限公司

股份有限公司形式的职业体育俱乐部,在设立上以《中华人民共和国公司法》(以下简称《公司法》)的相关规定为依据。

2. 有限责任公司

有限责任公司的职业体育俱乐部由某企业一次性出资从体

育行政部门买断运动队以及相关场地设施而独资组建的。[①]在中国足球发展中,很多俱乐部都是这种形式。

3.政企联办型

我国竞技运动项目从之前的专业队发展为专项职业队的过程中,采用的最常见的模式就是政企联办型的职业体育俱乐部。虽然我国的职业体育俱乐部具有多种组织形式,但是这些形式在管理方面相对来说是相对一致的,即按照董事会—董事长—总经理—职能机构来对俱乐部的组织机构进行设置。

(二)职业体育俱乐部经营管理的内容

1.冠名权经营

职业体育俱乐部的经营内容中,最主要的一项就是冠名权经营。在当前阶段,我国各项目职业俱乐部的冠名权转让收入一般都占据了俱乐部当年总经营收入的 50% 以上,以足球为例,中超俱乐部除了对俱乐部冠名权具有开发利用的权利外,还对城市冠名和球队冠名经营具有进一步的开发和利用的权利。从本质上来讲,冠名权经营其实就是职业俱乐部寻找冠名赞助商的过程。开发与利用以及经营冠名权的过程和所具有的技巧基本上等同于体育组织对赞助商进行寻找的过程及运作技巧。

2.广告权、转播权等无形资产的经营

对于职业体育俱乐部经营来说,有一部分重要内容是广告权与转播权的经营,其重要性体现在两个方面。一方面,由于职业体育俱乐部中,转播权与广告权是非常重要的无形资产;另一方面,职业体育俱乐部的经营中,广告与转播收入是重要的收入来源之一。

职业体育俱乐部对无形资产如广告权和电视转播权进行转让离不开体育转播媒体(包括广播、电视、互联网等)的发展这一基本

---

① 李万来.体育经营管理概论[M].北京:人民体育出版社,2006.

的条件。在当前阶段,我国体育电视转播的主要机构见表 7-1。

表 7-1　中国体育电视转播的主要机构

类别	机构
国际转播机构	ESPN、NBC、BBC、天空体育等
全国性体育转播机构	中央电视台 5 频道
地方性转播机构	各省、市、区等地方电视台
有线电视体育转播机构	全国有线电视网、各地方有线电视台
网络转播机构	新浪体育、新英体育、PP 体育、乐视体育等

职业体育俱乐部对于广告权和电视转播权进行转让,一定是赛事具有深远的影响力,具有广阔的市场前景。而对于广播商来说,将转播期间的广告时段出售给广告商是主要收入方式之一,比赛直播是否吸引众多观众观看是广告商购买广告时段的重要依据。因此,如果职业体育俱乐部的比赛没有足够的影响力,无法吸引到众多观众来观看,那么转播机构以及广告商就不会花费大量资金来购买广告权与电视转播权。

3. 观众产品经营

观众产品经营是指俱乐部向本队的关注者提供相应的产品与服务,其主要目的是让他们成为本俱乐部的拥趸,对俱乐部产生依赖感和归属感。职业体育俱乐部的观众产品经营主要包含两方面内容,一方面,包括各类主题餐厅、会员俱乐部、观摩训练以及俱乐部参观等服务性产品的经营生产;另一方面,包括队服、围巾、鞋帽及明星卡等周边产品的生产和经营。

对于职业体育俱乐部来说,观众产品的经营是对其收入进行拓展的一种重要渠道。此外,在发展过程中,职业体育俱乐部品牌形象树立和对观众产生对俱乐部归属感进行引导需要实行观众产品的经营。

4. 门票经营

职业体育俱乐部的各项收入来源当中,门票收入是一项十分重要的内容。俱乐部经营的成功与否,俱乐部队的表现是否受到广大支持者的认可,在一定程度上来说可以从门票收入看出来。举个例子,比如一支足球俱乐部经常有好的表现,那么前来看球的观众自然就会变多,那么门票收入就很可观。所以,职业体育俱乐部一般都会采取各种有效措施,吸引更多观众前来现场观看比赛。这些措施主要包括为观众提供各种便利服务,给球迷发放助威用品,创造出更好的观赛氛围,科学调控门票价格,对不同人群采取适当的优惠政策,让所有观众获得更好的观赛体验。

5. 商业性赛事经营

商业性赛事经营是指俱乐部充分利用正式比赛的间歇期,将运动员集结起来,参加各种具有商业性质的非正式比赛,如表演赛、对抗赛、国际挑战赛等,通过这种商业性质的比赛获取收入,宣传自我。目前,我国商业性体育赛事的承办和经营一般都委托给专门承接商业赛事的企业机构,当然俱乐部也可以自己来经营,具体由市场开发部门负责。

在经营过程中要注意三个问题。第一,选择能获得较高收益的赛事,在对比赛收益的评估工作上引入机会成本的概念,争取以最小的成本获取最大的收益;第二,在安排商业性比赛时,要借助比赛提高俱乐部自身的价值与影响力,打造良好的社会形象,促进对营销渠道及市场空间的拓展;第三,要处理好商业比赛和日常训练的关系,不能影响到正常的备战。

6. 运动员转会

运动员转会的经营主要指的是俱乐部从自身实际情况出发,以经营目标为根据,通过与经纪人进行接洽、谈判的形式,通过金钱交易进行运动员引入或转出的经济活动。对于体育俱乐部而言,估算运动员的市场价格也是转会经营最重要的部分,当然也是每个俱乐部最需要考虑的问题。就拿足球来说,每个球员都有自己的身价,而网上也会对职业球员的身价进行评估。在运动员的转会谈判中,俱乐部以球员身价为参考设计相应的谈判方案,尽可能以最合理的价格与对方俱乐部达成一致。详细地讲,就是根据体育俱乐部自身的实际情况(包括财政水平、人员搭配、自身影响力等),对应该转入或者转出运动员的质量水平进行确定,在使质量得到保证的前提下以最合理的价格实现这笔交易。

（三）职业体育俱乐部经营管理的方式

一般来讲,职业体育俱乐部的经营方式有两种,主要包括自营与委托代理。自营,就是职业体育俱乐部对俱乐部的一切商业活动进行自主开发与经营,担任经营的主体一般是俱乐部主管市场开发的职能部门。而委托代理经营通常指的是中介机构代理经营俱乐部部分或者全部经营活动,中介机构是经营的主体,但一切运营行为都要得到俱乐部的授权。

在欧美国家中,欧洲国家主要采取的经营模式是自主经营,而北美职业体育俱乐部主要采取的经营模式是自营和委托相结合的复合经营模式。从发达国家职业体育俱乐部的发展来看,有相当数量的职业体育俱乐部在经营方式上从自营方式向复合经营方式转变。出现这一趋势的原因有三点:第一,职业体育市场的不断拓展;第二,职业体育俱乐部的商务活动越来越繁忙;第三,营销方式和经营内容的创新对俱乐部经营业绩提升具有促进作用。

职业体育俱乐部通过委托的经营方式对自身的业务活动进行开展,主要是通过授权中介机构,从而使中介代理经营本俱乐部,进行无形资产的相关经营与开发,俱乐部和中介机构分工明确,在各自基础上发挥出自身优势,争取达到更大的效益。因此,职业体育俱乐部要以自身的实际情况为客观根据,通过委托中介机构,使其代理经营部分有很强专业性的商务活动,这种经营方式更加合理。

与此同时,职业体育俱乐部在采用委托这一方式进行经营时,有可能遇到一定的问题,比如委托方为谋求自身利益,通过一些不合理的方法或手段危害俱乐部的利益。此时,俱乐部就要采取一定的防范措施,要从两个方面来加以防范。一方面,要对中介机构进行慎重选择,全面考察与评估中介机构在业内的口碑、业绩和资信情况;另一方面,谨慎签约,注意契约中的内容。要对代理契约进行科学设计,对中介结构的权利、义务和违约责任进行明确,同时还可以根据中介机构的代理情况,设置一些奖励条款,以加强对中介机构创造最大价值的激励与鼓舞,使其创造出更多的价值。

(四)职业体育俱乐部经营管理的模式

下面对我国职业体育俱乐部的经营管理模式进行研究。

1994 年,中国足球进行了职业化改革,这对我国职业体育发展具有积极意义。发展至今,我国已经进行了二十多年的职业体育俱乐部联赛,虽然尚未形成体育联盟,但我国职业体育俱乐部已基本形成一定的经营管理模式,如图 7-3 所示。

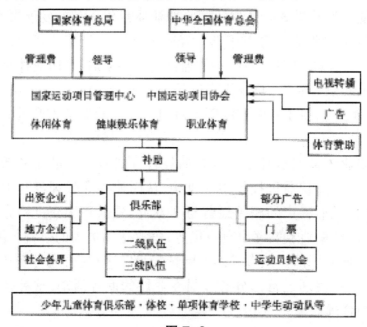

图 7-3

二、"一带一路"形势下我国职业体育俱乐部的发展

从 20 世纪 50 年代到 80 年代,我国竞技体育的管理模式一直采取政府体育行政主管部门直接管理的模式,因此高水平的竞技体育队伍主要由国家体委和各省市体委的体工队进行运作与管理。因此,在这一阶段,国内只有运动队,没有职业俱乐部。发展到 20 世纪 80 年代中后期,虽然在我国体育行业中形成了一股运动队与企业"联姻"的热潮,但是这一时期体委与企业联办往往是省长、市长或部长从中运作,找企业进行合作的目的也无外乎是解决各级体委办队经费不足的问题,企业出资的主要目的并不是为了收到回报,而是想要从政府方面谋取各种优惠政策。因此,这一时期我国没有真正意义上的职业体育俱乐部。

1992 年,国家体委召开了研讨体育体制改革的中山会议,在会议之后发布了《关于深化体育改革的决定》,提出体育改革的总目标:"改变原来在计划经济体制下,单纯依靠国家和主要依靠行政手段办体育的高度集中的体育体制,建立与社会主义市场经济相适应的,符合现代体育运动规律,国家调控,依托社会,有自我发展活力的体育体制和良性循环的运行机制,形成国家办与社会办相结合、集中与分散相结合的格局。力争在 20 世纪末初步建立具有中国特色的社会主义体育新体制。"确定了体育改革的基本任务是实现体育的生活化、普遍化、科学化、社会化、产业化和法制化,提出推进运动项目协会实体化建设,以足球运动为突破口,部分项目要实现职业化,与国际接轨。

1992 年 6 月,中国足协召开了全国足球工作会议,史称"红山口会议",标志着足球运动率先进入"以体制改革与机制转换为核心,以协会实体化、俱乐部制和产业开发为重点"的历史阶段,并成为国家体育事业改革发展的突破口。1993 年,大连、上海、广州等 11 个足球试点城市以体委与企业联办的形式成立了职业足球俱乐部。上海大众汽车有限公司、广东健力宝有限公司、广

州奇星药业厂等第一批企业对足球俱乐部进行注资,投资金额都超过百万元,有的高达数百万元,注册资金达千万元。同年,中国足协举办了全国足球俱乐部锦标赛,首次采用了主客场制;对各俱乐部和半职业、职业运动员及教练员实行了注册登记;讨论并颁发了《中国足协俱乐部章程》《中国足协章程》《关于人才交流的若干规定》《关于竞赛管理的规定》等法规性文件。这些文件牵扯到俱乐部会员制度、转会、运动员工作合同、比赛许可证、注册、保险制度以及俱乐部财务管理制度等多方面的内容。

以推行职业足球俱乐部制度为突破的足球体制改革,是对传统竞技体育体制根本性改革,打破了以往竞技体育的发展模式,与过去相比,职业体育俱乐部发生了很大的变化,主要体现在以下方面。

逐步建立了以职业俱乐部为基础的足球管理体制;彻底改变了足球训练和组织的体制;初步确立了相对完整的竞赛体制;开始挖掘足球产业和市场,并取得初步成效;有相应的规章制度可循;运行机制发生了根本的变化。1994 年,开始进行全国足球甲 A 联赛(2004 年起升级为中超联赛),为中国体育职业化的进程拉开了帷幕。二十年来,随着中超联赛、CBA 联赛等多项职业赛事的不断努力,既取得了一定成就也遇到了很多教训,成为我国其他运动项目推行职业俱乐部过程中极其可贵的经验和依据。

第五节 "一带一路"形势下我国竞技体育产业发展的策略

在"一带一路"倡议下,竞技体育在发展的过程中必须要与时代发展的形势紧密结合,加强与周边国家和地区的沟通与交流,为我国竞技体育产业的发展营造一个良好的环境,为竞技体育产业培育一个高度发展的市场,不断提升体育产业市场的价值,促进竞技体育产业的健康、快速发展。

一、完善竞技体育产业的发展环境

（一）克服有效需求不足的障碍

在竞技体育产业方面，近年来有个问题就是潜在需求和有效需求不足，尤其有的项目的吸引力不足，比赛时看台空空如也，已发掘的引导性消费需求运行起来较为艰难。但是，由于我国人口基数大，中青年人口规模依旧可观，收入和可任意支配收入增长较快，只要人们对竞技项目抱有兴趣，那么体育产业市场有效需求不足的障碍必然会逐渐降低。为此，政府经济部门努力保持较快增长，在通过政策（如税收）增加居民收入尤其是可任意支配收入前提下，通过媒体和舆论对人们的消费观念和生活方式进行引导。

总体来看，我国竞技体育产业发展在城市中存在多种环境障碍，所以要改善环境来克服这些障碍。近年来，中国旅游产业的发展形势很好，而且随着"一带一路"的战略深入，城市居民在收入提高、家务劳作减少的同时，休闲消费的需求必然会提高。因此，竞技体育产业要抓住"一带一路"的机遇，为观众提供更好的服务。

（二）规范竞技体育主体、体育行业组织的行为

竞技体育组织作为企业性质的法人，其一言一行都要符合国家各项法律规定，尤其是经济方面的法律规范，做到诚信经营、依法纳税、明晰产权并履行相应的责任与义务，要有社会责任感，同时要有职业意识，明确与竞技运动员的契约关系，对运动员进行道德教育，培养和提高竞赛技能。作为竞技体育赛事的组织者和各会员企业的权威性组织，足球协会、篮球协会等组织是非营利性的社会团体。发展竞技体育产业，要充分发挥这些组织所具有的不可替代的功能。在各项目俱乐部中，要绝对认同和遵守相关

的协会章程、赛事组织、竞赛规则等条文条例,当俱乐部之间产生摩擦,运动竞赛受到破坏时,协会要有足够的处理能力和协调能力。此外,不管是什么样的运动项目,组织协会进行工作的出发点和永恒的主题都是如何提升比赛的观赏性,吸引更多的关注。

因此,各项目的组织协会与体育主管部门的行政隶属关系要逐步分离,以保证这些组织对各俱乐部负责,对广大关注者和职业运动员负责,之后要对政府负责。而地方政府、体育局等部门同竞技项目协会的关系,主要依靠法律和政府规制来维持和加以规范,比如当职业运动员参加俱乐部比赛和其他比赛发生冲突时,那么协会应该事先或及时地加以协调,政府则要尊重其独立性和决策权。如果组织协会没有科学的规则,没有权威性,功能不齐全,就会影响到竞技项目市场需求的稳定性和持续性,往大了说也会影响到我国竞技体育产业化的发展。

（三）针对相关行业和配套条件中的薄弱环节,及时进行弥补

从我国总体发展来看,竞技体育产业发展中出现的具体障碍往往是体育领域以外的相关行业或城市基础设施方面施加的影响,如城市发展的信息基础设施在自身能力上达不到同步化、广域化、国际化,或城市容载量有限,难以满足大量外地观众在吃住上的需求,此外还有城市交通系统不发达等。这些问题在一定程度上对消费者的需求形成了一定的阻力。当然,对于城市建设来说,这些障碍也是可以逐步克服的,要采取相应规划,对某时段中那些重点问题进行解决。

此外,我国竞技体育产业发展的投资资金并不均衡,投融资机制不畅、方式单一。有些项目,像足球近年来进行了巨额的投资,但有些项目依旧受到长期的"冷落",基础设施配套建设都不完善。因此,地区政府要积极采取政策和措施,比如通过发放债券的形式,用于改善与竞技赛事、体育产业有密切关联性的基础设施和配套条件。

在体育场馆的运作上,对一些规模较大、租金较高的运动场

馆,在体育企业购买力不足的情况下,政府可以采取类似物业税的方法为投资主体缓解租金压力。在企业对场馆设施进行投资时,只要政府予以支持,提供优惠条件,在项目投资上具有竞争性,就不会违背市场经济的原则,多为观众和消费者想一下,动员一部分财政和公共资源支持竞技体育产业发展,就能够得到社会的认可。

（四）鼓励、吸引更多的民间资金、民营资本进入

需求是竞技体育产业形成和发展的基础,但供给状况也会对其发展产生影响。在我国体育体制改革和竞技体育市场化尝试中,体育系统的部分机构和下属经营性企业已经形成了习惯性和依赖性,即希望利用低成本的资源进行市场活动,依附或捆绑在重大公共体育活动中开展经营活动。因为这些机构和企业具有得天独厚的优势,能够迅速获得业内信息,无形中对非体育系统的社会资本进入形成壁垒和障碍,造成了这种潜在的不公平竞争。事实上,我国有大量民间资本力量已经具备多领域进入能力,体育等新型的产业领域中存在一些无形的障碍,民间资本在传统产业的投资容易过度集中,而相关体育产业又得不到足够的资本支持。

因此,根据"一带一路"的内容与相关精神,我国体育产业应当积极鼓励民间资本、民营企业布局到竞技体育产业中,对重要竞技项目进行掌管、运作与经营,通过项目竞标、资产多元化以及国有资产民营方式等途径,引导民间资本力量为中国体育产业贡献自己的力量。同时各个省市与城市充分挖掘自身特点,吸引国外的投资公司、体育公司和体育中介服务商加入进来,促进国内外竞技体育资源的衔接,鼓励企业间的商务合作、体育信息传播和利益共享。事实上,政府不仅要完善与竞技体育活动有关的城市基础设施,还要形成体育商务合作的市场平台。

二、培育竞技体育市场

（一）重点培育竞技体育市场

从西方国家和我国一线城市的发展来看,在竞技体育产业发展上,具备高水平的往往是一到两个运动项目,这既是社会文化、人文习惯等环境因素所造成的,也是社会资源有效配置这一规则的要求。在竞技体育的有效需求尚未发展到一定规模时,竞赛项目较多,各个项目都会缺乏需求的支撑,竞赛经营者便无法实现投入产出的平衡,专业化和规模化的发展就无从谈起。在这方面,体育市场向全社会打开,城市政府主管部门要把握好机遇,将社会资源和有限的财政资源集聚在一两个竞技项目上,把这一两个项目打造出精品赛事,促使这些竞技项目在市场上形成更大的供需规模,发展出更高的层次。

（二）构建竞技体育与主要行业的商务合作平台

一定范围内,某一竞技体育市场初具规模和能级,形成了一定的影响,对观众有一定的吸引力,对一般工商企业的吸引力也会增强。此时,与赛事组织、推广、服务有关的厂商就愿意与赛事主体开展商务合作,就会吸引专业媒体进行宣传与报道,吸引经纪人和广告公司进行合作。为此,竞技体育俱乐部、体育竞赛联盟或组织协会要构建相应的信息交流平台,利用互联网、电子商务等技术手段拓展商务渠道,进行多领域交流,争取更多的市场机会和商业价值。

（三）完善竞技体育市场的规则与制度

竞技体育市场能否把自身的多种功能发挥出来,除了受需求、供给等因素影响以外,还与市场运行有关的各种规则制度,尤其是法律以外的业内行规有着必不可缺的联系。举办一届赛事,在比赛的制度上,参赛队伍的数量要合适,制定的竞赛规则要合理,赛事日程要便于广大支持者前来观看,裁判和运动员要有较高的职业素养,媒体报道不能有偏差,俱乐部、经纪人、组织协会、场馆运营方以及媒介等方面的利益分配要合乎业内规范,规制与惯例一旦确定下来就要执行下去,竞技体育产业各方主动联系,加强交流与合作,才能充分发挥出市场的特点与功能。

三、提升竞技体育市场潜在的商业价值

（一）充分认识竞技体育商业价值的形成特点，鼓励和引导长期性的投资经营行为

竞技体育在发展中形成的商业价值具有独特的特征,专业化经营和规模化发展相对缓慢,其商业价值的易变性和复杂的关联性又容易引发短期投资、冲动投资的倾向。因此,政府部门和相关学术界要加以引导,让这些投资人和经营者冷静思考,慎重决策,因为投资本来就是有风险的,有可能盈利就有可能亏损。因此,在方法和策略上,帮助企业投资人将竞技体育业务与主营业务结合起来,将参与、组织竞技体育赛事的部分成本作为其他业务的预算。随着"一带一路"倡议的实施,我国竞技体育产业必然会出现更多的机遇,因此全国有志于投身体育建设的投资人要满怀信心,相信竞技体育发展具有美好前景,要追求长期的投资经营回报。

（二）整合竞技体育与相关行业的资源，使产业链各环节的商业价值显示出来

我国竞技体育的有效需求均量不大,相关配套服务的市场需求也相对稳定,因此,竞技体育项目的产业化发展不能全面布局,与竞赛项目有关的中介服务也不宜贸然增长。比如,观众想看中超联赛,可以看网上直播,也可以看中央电视台体育频道,还可以

看省市级电视频道,此外还有大批媒体对比赛进行报道。这样,在赛场、电视转播、广告中介和赞助商合作等环节,商业价值和收入都被这些媒体瓜分了,均难以超过各环节的经营成本或降低了机会成本,导致各方都不太满意,想获取更多的资源和收益。

因此,要对竞技体育与相关产业的资源进行整合,重点是控制商务作用方的数量,尤其要减少相同服务主体的数量,根据竞技体育市场与产业的发展过程,积极引导更多的相关服务企业进入该领域。在这方面,市场自发的力量和政府的引导力量同样重要,具有独特的作用。

(三)加快国内外市场的联系与企业间的合作,促成竞技体育商业价值的广域性提升

在竞技体育商业价值形成、实现和竞技体育产业的发展中,国际化的交流与合作是大势所趋。各个国家和城市所具有的优质竞技资源、有效需求、赛事传播方式以及赞助商的形象推广区域都具有一定的差异,竞技体育产业的国际化发展就是去对这些资源进行发掘,拓展全球市场,有效满足参与各方的目标诉求。

因此,要鼓励和允许这些国外竞技体育企业进入到国内市场,支持国内企业与国外企业进行广泛交流与合作,以市场、信息、产权换来资源,提高自身经营收入水平。通过有组织、有规模的竞赛项目节省经营成本,显示出我国竞技体育尚未被充分开发利用的商业价值,促成更多竞赛项目形成一定的产业规模,加速我国竞技体育产业的发展并与国际接轨,拉近与国外高水平体育赛事的发展差距。

第八章 "一带一路"形势下我国休闲
体育产业的发展战略研究

"一带一路"倡议的发布和实施,为我国休闲体育产业的发展带来了良好的契机,我国休闲体育产业在未来的发展过程中,必须要紧密结合"一带一路"倡议,进一步推动我国休闲体育产业的发展进程。为此,本章依次对休闲体育产业的理论与发展、体育健身休闲产业的发展、体育旅游产业的发展、"一带一路"形势下我国休闲体育产业发展的对策进行深层次研究,以期有效巩固我国休闲体育产业发展的理论基础,对我国休闲体育产业发展发挥指导性作用。

第一节 休闲体育产业的理论与发展研究

一、休闲体育产业的概念

（一）休闲的概念

在工作时间和劳动时间以外,人们通过不同类型的"玩"来调整和放松身体和心理,由此实现保健身体、恢复体能、愉悦身心的业余生活方式,就是所谓的休闲。休闲始终在不断发展、不断演变,同时各个群体的人们在休闲方式上也存在或多或少的差异。但分析整体情况可知,休闲更加偏向于放松心情、释放压力、满足个人情感。正确、有效的休闲行为往往有助于调节人体的体能、智力以及情感等多个方面。休闲是众多生活方式中的一种，其具备的价值和作用均颇具特色，休闲不仅能够达到人类身心均衡发展的目标，还能使人的生活更加多样化，也能使人们的生活水平得到大幅度提升。

（二）体育的概念

体育是人类在生产生活中形成的以身体各方面活动为主的一种特殊的文化，它同时也有很多方面的特点与功能，如健身、搏击、游戏、娱乐等，对人体具有积极的影响，对人们的休闲生活有着重要的意义。体育活动需要人们直接参与，通过各方面的体育锻炼活动使人体的各方面素质得到恢复与提高。

体育并非为了空闲时间的娱乐和愉快而存在的，它是以人身体和健康的发展为最终的目的。在人们的日常生活中，随着闲暇时间的不断增多，体育作为一种休闲娱乐活动在长期的生活实践中逐渐被人们所接受。体育借助休闲方式与娱乐方式不断拓展推广范围，逐步发展成现阶段的休闲体育运动。

（三）休闲体育产业的概念和含义

1. 休闲体育产业的概念

分析休闲产业的构成结构可以发现，休闲体育产业在休闲产业中占据着重要位置。休闲体育产业是指为充分满足人们的休闲体育消费需求，向人们的组织集合体提供物品、服务以及相关设施。从某种角度来说，可把休闲体育产业理解成将目标设定为满足人们休闲体育需求的产业。

2. 休闲体育产业的含义

休闲体育产业的概念中包含的主要含义如下。

（1）休闲体育产业提供的常见产品是休闲体育用品与休闲体育服务。

（2）休闲体育产业向人们提供休闲体育产品的主要目的是完成休闲体育消费,这证实其提供的产品有明显的指向性。

（3）人们通过支付货币,购买休闲体育产品,以使自身的休闲体育需求得以满足的过程就是休闲体育消费。

（4）休闲体育与其他体育方式相区别的一个特殊属性就是,体育运动是对休闲体育产品进行生产和提供的基本方式和手段。

3. 休闲体育产业体系构建

作为休闲产业的一个重要组成部分,休闲体育产业主要包括两大部分,即休闲体育用品产业和休闲体育服务产业(见图8-1)。

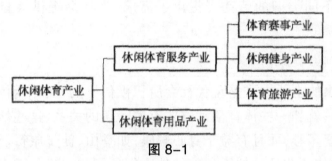

图 8-1

二、休闲体育产业的功能

休闲体育产业之所以被人们称为新兴产业与朝阳产业,是因为其具备的功能和作用反映在很多层面上。由于休闲体育的具体内容都在休闲体育产业中,所以休闲体育的功能同样是休闲体育产业拥有的功能。除此之外,经济功能是组成休闲产业功能的一个重要组成部分。

（一）经济功能

1. 提供就业机会

大力发展休闲体育产业可以向国民提供更多的就业机会,由此使当今社会的就业难问题得到一定程度的缓解。在特定的社会经济条件下,劳动者参与生产经营活动或非经营性工作,同时得到相应报酬,即所谓的就业。从根本上说,就业即满足物质需求与精神需求,凭借特定方式成为社会劳动的参与者。在当今社会的方方面面,都有和就业存在联系的一系列问题,这些问题对社会经济发展状况、全社会的长治久安、和谐社会的构建进程都有很大的影响。我国应当不断提升解决就业问题的效率,由此使得我国广大劳动者的生存情况和发展情况得到改善,为社会稳定提供保障。休闲体育产业涉及十分广泛的内容,而且它属于一种综合性产业部门,既具服务性,又具生产性,体育休闲产业的发展必然会对相关各行业的发展起到积极的带动作用,从而使各行各业对不同类型的劳动者提出了需求,为社会提供大量的就业机会。

2. 刺激健康消费

健康的生活方式是现代社会所积极倡导的,而休闲体育自从产生之后就和一些体育活动方式有着密切的关系,这些活动方式不仅丰富多彩,而且有益于身心健康,如登山、徒步旅行、钓鱼、健身等,参加这些活动这不仅能够使人们休闲与娱乐的需求得到满足,而且对人们的身心健康也是十分有利的。因此,作为人们休闲方式的主要形式,休闲体育已经融入现代社会的方方面面。随着休闲体育产业发展进程的持续推进,人们可以选择的健康生活方式越来越多,人们在休闲体育消费方面的选择同样在朝着多元化方向发展,在自觉引导人们在休闲体育产业上的健康消费。

截至当前,我国生产力水平的发展速度不断加快,经济表现出持续稳定增长的发展趋势,我国百姓的收入水平不断提高,随着时间推移广大群众的消费潜力也越来越大。除此之外,假期增多意味着人们的闲暇时间在不断增多,人们的消费空间也在持续增加。在消费时间与消费空间不断拓展的背景下,向人们完成休闲体育消费提供了很大的便利。

随着我国与世界其他国家交流的密切,人们的视野会变得不断开阔,传统的消费观念与生活方式也会有一定的转变,进而也会导致消费需求的变化。人们基本的生存问题已经得到了解决与改善,现阶段人们追求的重点需求主要体现在精神层面,自愿花钱增长见识、买健康的人越来越多。然而,由于休闲体育产业和我国现阶段的市场需求最适应,所以对我国消费持续扩大的新兴产业产生的推动力最大,因而加快休闲体育产业的发展速度可以演变成扩大我国内需的一个着力点。

人们都知道这样的经济学常识,消费由生产决定,但生产的最终目的还是消费。随着工业生产的快速发展,通过第二产业的发展供应大量生活资料的能力有了很大程度的提高,人们的日常消费品变得极其丰富,但因为我国有一个重要的现实问题就是人口众多,所以不可能对人们无节制的物质消费不断进行刺激。针对该情况,行之有效的选择是大力提倡广大群众选择精神消费为主要内容的休闲体育消费。因为广大群众的精神需求可以在基本物质需求被满足的情况下演变成为最关键的消费目标,所以精神产业消费还有巨大发展空间可以开拓。

（二）文化功能

1. 促进观念的改变

休闲体育本身所具有的休闲、娱乐、健身等价值能够在休闲体育产业中充分展示出来,这些价值有利于人们对休闲体育能够提高人们生活质量这一重要意义的深入认识,有利于促进人们文化观念的改变,对人们传统的体育意识进行有效的引导,进而对人们积极参与休闲体育消费的行为给予正确的引导,这在客观上对体育经济的发展起到了推动作用。

休闲体育产业可以把包含健身、娱乐、休闲、教育等方面的休闲体育文化价值彰显得淋漓尽致,此外休闲体育产业中还能把所用设备的艺术价值彰显出来,这对吸引更多民众有很大的积极作用,可以使广大民众资源成为体育休闲活动的参与者。在广大群众当中,有很多人持有的休闲体育文化价值观存在很多相似之处,某些情况下是相同的,当休闲体育文化价值成功吸引与诱导这些人以后,往往会对特定的休闲体育运动形成认同的思想且形成共识,同时他们会自觉改变过去片面或肤浅的认识休闲体育文化的观点,这些人共同的休闲体育消费倾向由此产生,这不仅有助于增加休闲体育和休闲体育产品所占的市场份额,还有助于推进规模经济的形成进程,也对体育产业市场和社会经济的发展有十分显著的积极影响。

2. 促进人们生活的丰富

人类在对物质文明进行创造的过程中,也在对精神文明不断进行创造。随着社会文化的日益发展,人们在对物质生活加以享受的同时,也对精神文化生活尽情地享受着。文化生活的内容是多姿多彩,十分丰富的,作为一种社会文化,体育具有一定的文化韵味,休闲体育同样也是如此。人们对娱乐性、消遣性精神生活的需求能够在休闲体育中得到满足,人们对美的需求也可以通过休闲体育得到满足,进而,人们自我发展的需求同样可以得到满足。

休闲体育产业作为社会文化生活的重要组成部分之一,其中包含多元化的活动内容与活动方式供人们选择。在人们闲暇时间不断增加的背景下,休闲体育产业同样在逐步增加人们的选择途径和选择机会,促使人们更加自由地安排自己的空闲时间。就我国来说,广大国民不仅在为社会主义物质文明建设贡献应有的力量,还在积极倡导社会主义精神文明建设,休闲体育不只是可以提升人的精神素养,还能使人们积累更多的文化知识,也能提高人们的审美水平和综合素质。在闲暇时间参与体育活动,一方面能使人们的业余生活更加多元化,另一方面能够推动我国社会主义精神文明的建设进程。

(三)健身功能

很多实践活动证实,空闲时间参与休闲体育活动不仅能维持身体健康,还能提高参与者的身体素质。随着年龄的逐渐增长,人体会出现各种老化现象,随之而来的就是各种疾病的产生。研究发现,动脉硬化在脑力劳动者中发生概率为14.5%,在体力劳动者中仅为1.3%。我国传统的养生学一直都非常强调运动对于人体的重要作用。有研究者对长期参加跑步的40名中老年人研究发现,他们的发病率一般都很低,心肺退行性变化推迟10年甚至更长时间。正是由于平时坚持参加适宜的长跑运动,才显著改善了心肺功能,调节了身心。

在社会持续发展的大背景下,存在"职业病"与"文明病"人总数量在逐年攀升,人们越来越清晰地意识到身体保健的价值和意义,越来越多的人开始接受和肯定"生命在于运动"这个观点。在日常的工作生活中,人们慢慢把休闲体育的价值和意义摆在更加重要的位置,在闲暇时间开始成为多元化休闲体育活动的参与者,进而尽可能消除运动量不足产生的消极作用。参与内容和形式具备多元化特征的休闲体育活动,有助于愉悦身心、维持与提升人们的身体健康水平。总而言之,休闲体育活动是积极影响最大、对身心最有益、愉悦身心作用最显著的一种休闲方式。

休闲体育之所以不断受到人们的重视,同其自身所具备的特点密切相关。总体来说,我国的竞技体育、学校体育、群众体育的发展或多或少都带有一定的强制性,而实践则要求过去的封闭体育向开放体育过度、计划体育向市场体育转型。面对这种情况,"终身体育"与"健康第一"的观念逐渐被人们所认可并接受。"终身体育"的理论与观念之所以能被人们广泛接受,与人们对于健康的需求密不可分,它作为一种理论基础,对人们健身意识的提高具有积极的推动作用。此外,通过人们的实践,休闲体育以其趣味性与娱乐性吸引着大众的目光,从而促使人们产生强烈的休闲体育健身的欲望。

休闲体育运动是对人们的精神文化有突出作用的一项运动,其突出作用是能将人们的多余精力发散出来;能有效缓解人们在身体方面和心理方面的疲劳;能对人们的情感产生净化作用;

能使人们在心理方面的压力得到一定程度的消除；能推动人们更好地服务社会,由此得到更多成功感与满足感；可以使人们的人际交往能力和社会适应能力得到大幅度提升。

需要补充的是,休闲体育活动的内容和形式都丰富多样,无须配备高规格的场地设施与运动器械,在技术动作方面并未提出硬性要求,参与者选择自娱自乐、与其他人互动均可。参与休闲体育的过程中,不会对参与者的身份、地位、职业、性别、年龄划分等级,所有参与者均可在参与过程中体会到休闲的快乐,可以对人们的身体和心理产生明显的愉悦作用。人们参与休闲体育活动可以顺利脱离以工作为中心的单调生活,也能够更加深刻地体悟到生命的意义,享受来自生活多个方面的乐趣,由此为具备终身体育意识打下良好的基础,使其成为终身体育的践行者。

三、休闲体育产业的发展条件

（一）市场经济体制创造了前提条件

休闲体育产业的产生经历了休闲体育活动的产生与发展这一基础阶段,这与现代市场经济发展的逻辑是相符合的。与其他一般产业部门一样,利润最大化是提供休闲体育产品的企业追求的目标。休闲体育服务劳动分工是产生休闲体育产业的基础。反过来,休闲体育产业能够促进休闲体育地域分工和服务劳动的不断深化,能够对休闲体育经济的发展提供支撑与导向作用。

休闲体育产业要想从根本上彰显自身的产业特征,就必须要在市场经济体制下坚持不懈地推动资本增值,休闲体育资本也是这样,休闲体育产业和经济的发展同样要求资本持续增值。休闲体育资本增值的常见反映是：在休闲体育领域中积极寻求投资和融资的机会,由此获取更大的价值量。从某种视角展开分析,休闲体育资本就是一个相当大的开放系统,这个系统中融入了休闲体育。立足于某种立场分析,市场经济体制同样是导向力量中的一种,对转变休闲体育经济结构有显著的推动作用。

（二）现代消费价值观的建立

美国是最早产生消费社会的国家。马斯洛需求理论的基本观点是,人的需求具有五个不同的层次,即生理需求、安全需求、社会需求、尊重需求和自我实现需求。这五个层次的需求是有级别划分的。就绝大部分人来说,特别是对于理性的人来说,当生存和发展的基本需求被满足以后,其休闲需求、娱乐需求等精神享受层面的需求一定会有所增加,人们必然会在休闲消费中投入对应的财力和时间。针对这种情况,如果大批量生产包括生活必需品在内的物质产品,常常会造成供过于求的情况出现。

人的精神需求主要表现在两个方面:一方面是人实现自身自由价值的需求,另一方面是对按照现有社会关系进行结构化、等级化的符号编码的精神产品的需求。[1]这两个方面的消费有利于人们社会地位的提高,有利于人们实现自我价值程度的加强,也就是说,进行这两方面的消费,人们会有一种消费档次或品位提高的意识。在最开始,追求奢侈品消费是人们心中的一种时尚,是人们提升自身品位和社会地位的一种常见途径,长此以往人们常常会习惯消费奢侈品,进而将奢侈品界定为生活必需品中的一种,最终将其列入休闲消费品的行列。人们追求奢侈品,并非为了基本生理需求和基本生活需求的满足,而是为了把自身或自身价值反映得淋漓尽致。

现代社会中,人们的消费观已经上升为一种价值哲学或价值观,人们对休闲体育消费品的需求也是对这种价值观加以遵循的结果。所以,休闲体育商业性服务和消费品在类别、等级上都有不同的划分,与此同时,在休闲体育消费品的划分中,也有一些以品牌为依据的划分形式,表现在商业性服务中,就是以档次为依据对其进行划分。每个人所处的社会阶段和社会阶层存在或多

---

[1] 谢卫.休闲体育概论[M].成都:四川大学出版社,2014.

或少的差异,当人们需要对自身所在的社会阶层和具体的社会地位进行标示时,必然会选择对应层次的消费品加以标示。换句话说,消费品对应的档次品牌不同,则代表的社会阶层也会随之不同。在某些情况下,使用相同档次和品牌的消费品的消费者,所在的社会阶层和拥有的社会地位同样会存在差异。例如,要想成为高尔夫球俱乐部的会员,必须投入很大的财力才能拥有这项资格,此外交纳会费同样有很多等级,会员享受的各种服务和他们交纳的会员费存在十分紧密的联系。立足于相对表浅的层面展开分析,花钱买健康的观念推动着消费者在休闲体育产品或服务两个方面投入金钱;立足于消费者的视角展开分析,他们不只是在购买健康,同时在借助这种方式向他人展示和说明自己对应阶层的文化观念。

(三)个体自由本质实现的需求

在古代,因为社会生产力水平极其低下,人们要想生存,单靠个体的力量是远远不够的,所以他们需求依赖集体的力量。然而,对个体的抑制与牺牲是集体存在和发展的主要手段。对个体来说,其自身发展的过程就是不断弘扬和强化自身主体性的过程,就是其生活不断丰富多样化以及系统整体化的过程,就是其才能不断得到突破,充分体现自身本质力量以及创造性的过程。

积极主体性需求与消极主体性需求是人类主体性需求的主要内容。具体来说,积极主体性需求的常见反映是人的主观能动性、积极性以及创造性;消极主体性需求的常见反映是个体的舒适、信仰、安全、公平、个性、自由等。由于人类的生存和发展过程中必然存在生产与消费行为,因而生产需求往往反映为人的积极主体性需求。从根本上说,对消费的需求是消极主体性需求的本质。人们的消费行为,不仅是要满足自己的基本生存,也是为了实现自身的"自由"这一重要的人本属性。因此说,人们幸福的前提条件就是实现自由。

但需要说明的是,实际生活中绝对享受自由和幸福的情况是不存在的,因而很多人会将希望置于艺术和体育两个方面。艺术活动与体育活动是人们为得到自由且成为休闲活动的参与者而选择的参与形式。体育包含很多种形式,不只是包含奥运会中正式的比赛项目,同时包含不同类型的民间体育活动。

（四）休闲时间充裕与收入的增加

休闲是物质生产过程以外的活动,社会生产力的发展程度直接决定了休闲时间的多少。在不同的社会发展时期,休闲时间的差异主要由生产力的发展水平决定。在资本主义社会之前,社会的生存与发展要想得到良好的维持,就需要有大量的人和大量的时间,人们利用这些时间去耕作、采集与狩猎,这是社会生存所必需的。因此,处于这个社会阶段以前的人们基本上都没有采取休闲生活方式的时间,休闲消费的机会同样会十分有限,有时间享受休闲生活的仅有帝王将相和王公贵族。

工业革命结束以后,蒸汽机等动力器械投入使用使得劳动生产效率得到了大幅度提升,这在很大程度上推动了广大群众生活必需品朝着多元化方向发展,这个阶段人们无须将全部时间都分配在劳动上,已经能够抽出一些时间参与各类休闲活动。但是,在那个阶段资本主义原始积累的情况下,人们每日工作时间要比空闲时间多出很多倍,所以休闲消费的发展速度依旧比较慢。

现在,社会生产力水平不断提高,人们的生活水平也在提高,收入在不断增加,产业结构和产品结构也在不断优化,有大量的多种多样的物质产品与精神文化产品能够供人们消费,这就明显地促进了休闲消费的发展。所以说,生产力水平与经济水平提高、收入增长是导致休闲消费发展的主要原因。因为休闲体育是一种休闲方式,所以休闲体育同样会伴随休闲消费的产生和发展朝着更好的方向发展。

四、我国休闲体育产业的发展现状

我国休闲体育产业的发展已经经历了较长时间,同时在很多方面已经取得了不俗成果,详细的反映是市场规模得到了一定程度的拓展,休闲体育市场体系基本构建起来,体育健身服务的多元化发展走向和经营连锁化发展走向越来越明显,体育经济法制建设的总力度不断增加,市场管理朝着规范化方向发展,体育人口数量的增幅日益明显,休闲体育产业促使国民经济增长的幅度越来越突出。

（一）体育健身休闲产业的市场规模不断扩大

我国当前有 20000 多家经营性体育产业机构,这些机构将 2000 多亿元投入到体育产业的发展中,每年这些机构总共有高达 600 多亿元的营业额。"花钱买健康"的观念已经深入人心,人们将其看作是一种时尚。目前,我国有 3 亿多人会经常参加一些不同类型的体育健身休闲活动,所有居民平均每人参加 3.45 项体育活动。相关的调查结果证实,在健身俱乐部参与运动锻炼的绝大多数参与者每次消费额均在逐年攀升,一些发达地区的人们常常会把家庭收入的很大一部分投入在健身消费方面。这些数据进一步说明,我国休闲体育产业的市场规模正在朝着持续扩大的方向发展。

（二）体育健身休闲市场体系基本形成

体育市场体系是否健全是判断一个国家体育产业发展程度的一项关键性依据。现代体育市场体系是具备多元化特征的市场体系,主要由体育用品市场与体育服务市场组成。体育市场体系的详细结构由很多相关市场组成,具体是指体育用品市场、休闲健身市场、竞赛表演市场等。我国休闲体育市场萌芽时间是 20 世纪 80 年代初期,其历经三十多年的高速发展,一个崭新的市场格局已经大体产生,这个市场格局的基本特征包含以下几个方面。

1.各休闲体育机构是平等竞争的关系。

2.有多种所有制并存。

3.有来自不同行业的投资主体。

4.健身运动营养补品市场与体育健身休闲用品市场(以体育健身市场为主体和核心)等共同发展。

5.休闲体育市场提供低、中、高三个不同档次的体育服务产品。

包含这几方面特征的休闲体育市场格局可以向休闲体育产业良好发展打下基础。

(三)体育健身服务表现出多元化发展走向

类型存在差异的休闲体育健身中心或健身俱乐部往往可以给予消费者很大的选择空间,供消费者选择多元化的体育健身服务项目以及各个层面的内容,具体是指有氧健身操、器械健身操、体育舞蹈、形体训练、有氧搏击操、保健按摩、羽毛球、台球、保龄球、瑜伽、网球、武术以及游泳等。这些健身机构不仅对齐全的健身项目进行了多样化的设置,而且能够将多元化的服务提供给消费者。例如,在"一带一路"形势下,休闲体育健身中心,能够将运动服务、健美服务、健身服务、美容塑身服务以及康复服务等同时提供给消费者,还有一些其他的服务项目,如咖啡屋、茶馆、舞厅、书刊室以及桑拿浴等。[1] 如此可以尽可能满足处于各个社会阶层的人在娱乐休闲、健身健美、交友等各个方面的实际需求。

(四)积极加大体育经济法制建设力度

从根本上说,休闲体育产业的发展和体育市场的运行都需要有经济法制建设充当保障条件,都需要在市场秩序规范化的前提条件下。我国体育产业自20世纪90年代以来得到了快速的发展,

---

[1] 杨铁黎,苏义民.休闲体育产业概论[M].北京:高等教育出版社,2011.

而且相关部门也在不断加强建设体育经济法制,许多国家体育法规和地方体育法规相继被制定,其中,《公共体育文化设施条例》《全民健身条例》《体育法》等是较为普遍的体育法规。除此之外,我国在积极调整和优化休闲体育从业人员的资质认证制度和体育市场准入制度,这将会对体育市场管理产生显著的规范作用和增强作用,包括休闲健身产业在内的体育产业的各个发展环节必将会得到很多方面的法律保障。

（五）连锁化经营模式的发展速度持续加快

1999 年,连锁经营模式首先被马华引进我国,其当时引进的是健身俱乐部。在此之后,我国市场中相继出现了很多发达国家影响力很大的体育健身企业,这些体育健身企业为了在短时间内尽可能多地扩大市场份额,纷纷选用连锁经营的经营管理手段。在此之后,越来越多的健身企业开始采取连锁经营的经营管理手段,想要借此迅速扩大规模。

一些国家影响力大的体育健身企业在我国市场站稳脚跟后,坚持不懈地扩大市场规模,凭借连锁经营的手段来获得更好的发展,争取在最短时间内赢得很高的知名度,推动体育市场集中度的发展进程。分析国外体育企业在短时间内占领我国市场的原因可以发现,资金实力雄厚、知名度高、品牌形象好、经营管理水平高、健身理念紧跟时代步伐都发挥了突出作用。

（六）体育产业结构不合理,发展速度较慢

在"一带一路"形势下,体育产业的发展在很大程度上推进了我国国民经济的发展进程,体育产业良好发展大大增加了我国的国民总收入。有关调查表明,体育产业的发展速度要比整体经济增长水平高很多,但我国体育以及相关产业增加值的构成有很多不合理的地方,各个方面的发展表现出不均衡问题,尤其是体育健身休闲产业的发展速度要比其他体育产业的发展速度慢很多。体育健身休闲产业发展落后的问题恰好说明其存在很大的发展潜力和发展空间,我们应当对体育健身休闲产业进行大胆探索,从根本上加快我国体育健身休闲业的发展速度,促使其为我国国民经济的发展贡献更大的力量。

（七）市场竞争日趋激烈，市场经营风险有增无减

自我国加入世界贸易组织后,许多在国外具备很大影响力的体育健身企业进入我国,这些知名企业进入我国存在正面影响和负面影响。具体来说,正面影响是指知名企业进入我国可以把崭新的健身理念与经营理念带入我国,有效推进我国体育健身企业的发展进程;负面影响是指知名企业进入我国会加剧我国体育健身市场的竞争,同时由于各个企业的服务产品存在的不同之处比较少,因而对顾客产生的吸引力相对均等,企业常常会通过价格手段来吸引消费者,这是造成我国体育健身市场秩序混乱的一项重要原因,很多不公平竞争也随之产生,这些方面的因素大大增加了企业经营风险。

第二节 "一带一路"形势下体育健身休闲产业的发展

体育健身休闲产业是体育产业中非常重要的内容,体育健身休闲产业的发展与当下全民健身运动的进行有着极为密切的关系,因为在人们生活水平日益提高的条件下,人们在余暇时间都倾向于参加各种各样的健身休闲活动,这为健身休闲体育产业的发展创造了良好的机会。而面对"一带一路"倡议,体育健身休闲产业也应紧跟时代发展的潮流,积极贯彻"一带一路"倡议,促进自身的可持续发展。

一、国外体育健身休闲产业发展

居民可支配收入增加、人们余暇时间的增多是国外体育健身

休闲产业发展的两个重要因素。西方发达国家体育健身休闲产业的发展,大体经历了贵族化、大众化、多元化等几个阶段。以美国体育健身休闲产业的发展历程为例,具体分析如下。

（一）贵族化发展阶段

20世纪70年代以前,美国就兴起了网球运动和高尔夫球运动等,因为这些运动往往是高档休闲体育产品,所以参与者往往处于社会上层,同时这些运动项目也演变成具有代表性的"贵族运动"。和其他阶层不一样,因为社会上层的人们具备较高的文化教育水平,所以他们选取的休闲体育活动方式、休闲体育活动场所、休闲体育活动时间、休闲体育活动伙伴往往存在相对显著的模式化特点。例如,社会上层群体拥有更多的可支配时间、金钱参与高档休闲体育项目,网球、骑马、高尔夫等休闲体育项目几乎成为社会上层和中上层的专利。这一时期,体育健身休闲的贵族化特征明显。

（二）大众化发展阶段

20世纪70年代以后,以健身操为代表的有氧运动在美国十分流行,并迅速风靡全球,健身休闲观念和健身休闲运动促进了西方国家的体育健身休闲业的快速发展。这一时期,普通人群的体育健身休闲需求日益增大,大众健身休闲设施和服务产品大量涌现,大众化特点表现明显。

（三）多元化发展阶段

21世纪以后,以美国等西方发达国家为代表,体育健身休闲产业发展迅速,参与休闲体育健身的体育人口不断增多。

二、"一带一路"形势下我国体育健身休闲产业发展

改革开放过程中相对宽松的政策环境、我国社会经济飞速发展、广大群众健身休闲观念的革新,都对我国体育健身休闲产业的发展过程注入了很大的推动力。在推行改革开放的过程中,我国经济发展水平持续加快,国民生产总值不断提高,广大群众的生活品质得到了大幅度提升。在这种大背景下,人们投入在基本生存上的消费比重出现下滑,人们可以支配的收入获得了质的提升,这向我国休闲体育发展提供了较好的经济基础。

思想方面的解放是推动我国体育健身休闲产业快速发展的一项关键性原因。在改革开放之前,采取计划经济在很大程度上打击了人们的工作主动性。同时,"文化大革命"期间政治环境产生的压力对广大群众参与休闲体育运动的自觉性产生了很大的制约作用,许多体育运动和艺术的发展速度基本上可以理解为零,这对广大群众的思想产生了很大禁锢作用。在改革开放持续推行的背景下,使得人们各方面的思想均获得了解放,广大群众的个性开始朝着多元化的方向发展,这为休闲体育可持续发展奠定了思想基础。

从整体来分析,我国体育健身休闲产业的发展从 20 世纪 80 年代刚刚兴起到当前经历了三个发展阶段,具体如下。

（一）萌芽阶段

萌芽阶段具体是指 1980 年至 1991 年。1978 年 12 月召开的党的十一届三中全会做出实行改革开放的决定,同时决定我国工作重心转移至经济建设方面,此外我国体育系统着手兴办产业。

20 世纪 80 年代初,简·方达的有氧健身操传入我国并很快风靡全国,体育健身休闲活动在全国范围内蓬勃开展起来,参与人群越来越多,健身项目年年翻新,青年人玩飞碟、旱冰、迪斯科、呼啦圈,老年人打太极拳等,人们对体育健身场地、体育技能指导、健身知识普及等的需求越来越大。场地、器材租赁开始出现,标志着我国体育健身休闲产业的萌芽。

（二）培育阶段

　　培育阶段是指 1992 年至 2001 年。1992 年元月,邓小平同志提出建立社会主义市场经济的伟大构想,改革开放进一步深入。同年 6 月,中共中央、国务院颁布了《关于加快发展第三产业的决定》,把体育事业划归为第三产业的第三层次,即为提高科学文化水平和居民素质服务的一个部门。

　　在改革开放持续深化的背景下,我国各地相继推行每周五天的工作制度,以此来增加广大国民自由支配的时间,向广大国民参与休闲体育活动提供保障条件。除此之外,在服务产业和家用电器等领域快速发展的背景下,人们也在逐步脱离日常的家务劳动,从而使得人们的闲暇时间越来越多。除此之外,我国节假日制度同样在朝着更加优化的方向发展,这些方面的变化推动着人们不断打破因工作产生的桎梏,人们的休闲时间呈现出越来越多的趋势。1995 年 6 月,国务院颁布了《全民健身计划纲要》,国家体育总局推出了第一期全民健身工程。

　　就培育阶段来说,在我国越来越积极地和其他国家进行沟通和交流的背景下,国人的眼界更加开阔、国人利用空闲时间的效率不断提高,此外现代休闲体育在我国的传播速度也在不断加快。截至当前,休闲体育产业在我国国民经济中发挥的作用越来越突出,休闲体育市场的发展情况越来越喜人。很多消费层次较高的体育项目正式进军健身休闲领域,越来越多的人接受和肯定把体育定位为健康投资的观点,休闲健身娱乐消费慢慢演变成一种时尚。体育健身领域初步形成私营、集体、外资及中外合资等多种投资主体并存、高中低档体育服务产品共同竞争的市场格局和单店、连锁等经营模式,我国体育健身休闲产业的产业框架基本形成。

（三）成长阶段

　　成长阶段是指 2002 年至今。进入 21 世纪以后,我国人民大体达到了小康水平,尽管人均国民收入和发达国际依旧有很大差距,但差距处于持续减小的进程中。与此同时,第 29 届奥运会的成功申办和成功举办也大大激发了国人参与体育运动的积极性。

2003年中国人均国内生产总值突破1 000美元,居民可支配收入增加,为群众体育健身消费提供了坚实的物质基础。2003年6月,国务院通过了《全民健身条例》,设立了全民健身日,有力地促进和保障了体育事业和体育产业的发展。

2008年,我国成功举办奥运会,全国人民参与体育健身活动的热情高涨。调查数据显示,2008年,我国人均国内生产总值已经超过3 000美元,体育健身休闲产业发展群众、物质基础雄厚。

2015年之后,我国体育健身休闲产业的发展速度持续加快,在广大群众的物质生活条件持续改善、闲暇时间持续增加、思想观念持续转变的情况下,休闲体育的发展被注入了很大的活力。

在"一带一路"形势下,我国当前有体育产业经营性机构两万多家,总投资额超过2 000亿元人民币,年营业额600多亿元。"花钱买健康"正在成为一种时尚。

在商业发展的持续带动下,休闲体育产业的发展速度不断加快,广大群众的运动消费观念逐步形成,这对广大群众提高身体综合素质和生活整体水平产生了很大的正面影响。产业化与设施持续完善大大增加了参与休闲体育运动的总人数。以传统休闲项目为比较对象,则休闲体育更加健康、更有活力。我国体育健身休闲产业在成长阶段积极加快发展速度。

第三节 "一带一路"形势下体育旅游产业的发展

一、我国各地市体育旅游业的发展现状

在"一带一路"形势下,发展我国的体育旅游业已开始得到国家有关部门的重视与支持。政府主管部门推出这些体育旅游产品,对宣传体育旅游,促进我国体育旅游业的发展有着积极的意义。

（一）将体育旅游业的开发作为新的经济增长点

当前,国内有很多地方将开发体育旅游业作为当地旅游经济新的增长点,并对其发展进行科学的规划。其中,较为典型的当属四川、安徽,下面就对这两个地方体育旅游业的开发与发展情况进行分析和阐述。

1.四川省体育旅游业的开发与发展

四川省在《"十一五"旅游产业发展规划》中就提到要开发"体育健康旅游产品"和"自驾车旅游产品"。具体意见包括以下两个方面。

（1）就体育健康旅游产品的开发来说,借助大规模的体育赛事与健身运动馆来进一步增大体育旅游的发展力度。在深入挖掘中医药与少数民族医药资源的基础上,全面发挥康体理疗的特殊作用,对矿泉和中药康体旅游产品实施规划健身,进一步增大康体旅游市场的整体规模。在发展户外专项旅游的过程中高度重视开发和利用山岳资源的重要性。

（2）就自驾车旅游产品的开发来说,积极适应汽车大众化与本省公路网两个方面的发展趋势,把推广香格里拉秘境之旅、重走长征路、剑门蜀道、攀西大裂谷探秘、南方丝绸之路、茶马古道等自驾车旅游的工作摆在重要位置,规划建设自驾车营地、汽车旅馆、餐馆、影院等服务设施,在自驾车旅游沿线建设厕所、加油站、服务区等配套设施。

2.安徽省体育旅游业的开发与发展

安徽省为落实省委、省政府《关于推进旅游产业大省建设的意见》,充分开发、利用体育和旅游资源,推动体育旅游产业大发展,为全省经济社会又好又快发展、实现安徽快速崛起提供有力支撑。省体育局、省旅游局决定协力推进体育旅游产业大省的建设进程,通过多种途径促使各级体育和旅游行政部门进行密切协作,在全面开发多元化体育旅游产品的前提下,充分彰显安徽省的风土人情和地域特色,逐步形成体育旅游品牌产品,联合各方面力量建设成为体育旅游产业大省。两局将通力合作,围绕《体育旅游产品发展规划》,认真落实战略合作框架协议的各项内容和要求,积极推动各级体育和旅游部门全面合作,共同开发体育和旅游两大资源。

（二）有针对性地提出发展当地体育旅游业

面对"一带一路"的形势,很多有识之士还提出开发当地体育旅游业的观点,其中最具代表性的是重庆市和河南省南阳市,具体如下。

1. 重庆市体育旅游业的开发与发展

重庆政协委员建议以体育为突破口发展旅游,在市政协会议上提交了《重庆体育旅游的发展现状、问题与对策建议》的提案。这项提案指出,有关部门应当对重庆市体育资源实施全面调查,特别是要调查民族民俗性体育资源,并由此科学制定重庆市体育旅游发展规划,高质量完成体育旅游项目的策划工作。

与此同时,重庆市应当尽可能加快建设体育设施的速度,进一步调整和优化现代体育设施体系以及体育旅游服务配套设施体系,为挖掘旅游资源与树立体育旅游品牌打下坚实的理论基础与物质基础。

除此之外,重庆市应当结合当地各方面的情况来开发不同类型的旅游项目,如利用山地旅游区开发山地自行车、摩托车、汽车越野竞技性体育旅游项目,利用各地民俗资源开发竹竿舞、舞龙舞狮、划龙舟等具有观赏性、参与性的体育旅游项目,利用悬崖绝壁开发攀岩、岩降等挑战性旅游项目。

要想妥善解决专业人才不足的问题,重庆市应当在培养体育旅游人才方面多下功夫,把更多时间和精力用在体育旅游从业人员的岗位培训与职业教育两个方面,推动体育旅游人才的体育运动技能、理论知识、组织协调能力都获得均衡发展,从而使重庆市体育旅游在今后的发展得到满足。

2. 河南南阳体育旅游的开发与发展

目前,河南省南阳市有 5 000 多名"驴友",有 1 000 多名车友,他们通过自己的网站自发组织登山探险旅游,他们的足迹遍布南阳人迹罕至的崇山峻岭、险滩河谷。南阳市体育局局长说,体育休闲旅游是体育产业与旅游产业相互交叉、相互渗透的结果,是把体育资源与旅游资源定位成重要基础,凭借不同类型的规划、设计、组合的体育活动和体育赛事吸引人们成为参与者中的一员。由此,促使人们更加深刻地体会体育活动和大自然情趣的互动体验形式的休闲生活方式。不仅不可以把体育和旅游分割开来,同时要促使体育和旅游加深协作力度,如此才能增加体旅游实现双赢的可能性,最终在短时间内达到我国体育休闲旅游的最大化。

(三)我国各地区体育旅游发展速度不断加快

近些年来,我国各个地区的体育旅游发展速度不断加快,这里主要对具有代表性的黑龙江省体育旅游业发展进行分析。

黑龙江省是我国冰雪体育运动的大省,在很早以前就已经出现参与冰雪运动的热潮,尤其是世界大冬会的成功举办大大增加了人们对冰雪运动的兴趣,新一轮的冰雪体育旅游高潮也由此掀起。特色鲜明的滑冰、冬泳、冰雪汽车拉力赛等冰雪体育旅游项目在我国的品牌影响力持续增大,其中滑雪旅游项目每年的接待人数在持续增加。

二、"一带一路"形势下推进我国体育旅游业发展进程的策略

在"一带一路"形势下,推进我国体育旅游业发展进程的策略包括以下几个方面。

（一）全面领会国家关于发展体育和旅游的精神实质

旅游全行业和体育全行业进一步加强对党中央国务院精神的学习，从战略的高度进一步提高对体育旅游融合发展的认识，坚定做好工作的信心和决心。

（二）不断开创体育旅游部门合作新局面

旅游部门和体育部门科学谋划，努力实践，创新体育旅游融合发展的体制机制，积极探索促进发展的工作方式和方法，研究相关政策措施，引导体育旅游健康发展。

（三）增加供给，大力培育体育旅游消费热点

鼓励旅游企业和体育企业以市场需求为导向，加强合作，创意策划，提供更为丰富、适销对路的体育旅游产品，不断提升体育旅游产品的文化内涵。鼓励各级政府深度挖掘、合理配置资源，培育各类要素，加大对体育旅游基础设施的投入。鼓励社会资本投资体育旅游，促进体育旅游多元化发展。

（四）提升服务，不断优化体育旅游消费环境

首先，坚持遵循以人为本的思想，大力倡导企业结合游客需求对相关服务进行创新，向游客提供满意度更高的消费环境；其次，大力倡导健康、绿色的生活理念，对良好的体育旅游消费观念进行主动引导；再次，密切关注民生问题，从根本上增强服务意识；最后，政府真正加大对体育旅游的引导力度和市场监管力度，构建和健全切实有效的保障体系。

（五）发挥现代传媒的优势，加强体育旅游和新闻传媒之间的联系

借助不同类型的传播方式,构建覆盖范围更广、社会影响力更大的社会舆论氛围,有效带动和激励各方面力量参与到体育旅游发展过程中,推动旅游、体育、文化等产业实现关联发展的状态。

当拥有政府的高度重视、社会各界的大力支持、体育旅游爱好者的积极参与,则预示着我国体育旅游业即将迈入崭新的发展阶段。作为体验式的健康经济主题旅游交叉渗透所产生的新兴领域——"体育旅游"正在我国逐步兴起,同时已经表现出了良好的发展走向。

第四节 "一带一路"形势下我国休闲
体育产业发展的对策

本节先对"一带一路"倡议下中国休闲体育产业发展面临的常见问题进行全面阐析,在此基础上有针对性地提出相应的对策,以期对我国休闲体育产业可持续发展发挥积极作用。

一、"一带一路"形势下中国休闲体育产业发展面临的主要问题

（一）传统消费观和休闲价值观长期限制我国居民的休闲体育消费意愿

崇俭是我国传统消费观的主流,"成由俭,败由奢"依旧是当前被很多人引用的古训。在家庭和个人消费上强调节欲勤俭,反对及时行乐的生活态度,以俭为美德。很明显,中国古代的思想家们一致崇尚的黜奢崇俭,不仅对中国城市和农村居民的休闲体育消费心理和休闲体育消费行为均起着重要的作用,而且已经成为中国城乡居民休闲体育消费观的核心内容。因此,也就不难理解中国城乡居民收入虽然有较大的增幅（2014 年中国人均居民储蓄存款已接近 4 万元）国家也采取了多种宏观政策来刺激消费,如降低储蓄利率等,但并未对我国城镇居民和农村居民的休

闲体育消费愿望产生显著的刺激作用,我国城乡居民在休闲体育消费方面产生的突破十分有限。

　　除此之外,中国传统休闲价值观同样对中国城乡居民的休闲体育消费意愿产生了很大的限制作用,具体表现在以下几个方面。我国广大国民的传统休闲活动着重倡导静态,中年人往往渴望得到安稳、老年人的思想往往比较保守。这种价值取向在我国各地的农村居民身上体现得最为显著,同时能够预见到只有对该项价值取向实施创新驱动发展,同时尽最大努力加快新型城镇化建设,方可产生巨大突破。毋庸置疑的是,在"一带一路"形势下,存在这种价值观的人往往会依旧保持过去的小农生活习惯,依旧遵循省吃俭用的作风,依旧存钱准备用在其他方面。在日常生活中,持有崇俭思想的人会继续限制在物质方面的享受,有些人依旧坚持休闲体育并非是生活中不可获取的组成部分的观点。更让人深感恐惧的是,他们觉得休闲体育活动在很多情景中是"负担",并非是"放松、愉悦和健康"的代名词。由此可知,持有这种价值观的人在内心深处并不愿意成为休闲体育活动的参与者。很多情况下,他们宁可在家看电视,也不情愿参与休闲体育消费,这种情况在我国城乡居民中是一项普遍性问题。因此,能够归纳为我国城乡居民在现阶段的休闲消费意愿与休闲体育消费意愿还需要进行切实有效的刺激,同时这种现象和我国传统休闲价值观存在很大的联系。

　　事实上,不同社会发展阶段人们的消费观、休闲价值观、幸福观、经济理论、时间与金钱状况和休闲情况是有区别的,具体见表8-1。

表8-1　不同社会发展阶段的消费观、休闲价值观、幸福观、经济理论、时间与金钱状况和休闲情况一览表

各社会发展阶段情况	农业社会	工业社会	知识社会
人的消费观	节欲勤俭	享受和拥有消费	为身心健康、精神愉悦和自我发展以及自身形象、居住环境提升而消费

续表

各社会发展阶段情况	农业社会	工业社会	知识社会
休闲价值观	劳动至上，休闲是罪恶	工作是第一性的，休闲为了劳动	劳动为了休闲，休闲成为终极目标
幸福观的变迁	物	物和服务	物和服务以及时间
经济理论	古典经济（学）理论	现代经济（学）理论	未来经济（学）理论［包括：知识经济（学）理论、创新经济（学）理论、休闲经济（学）理论等多种理论］
时间与金钱状况	有闲无钱	无闲有钱	有闲有钱
自由时间	休息	休息和文化娱乐	休息、文化娱乐、健身、旅游和社交

分析表 8-1 可知，人们在农业社会持有的消费观、休闲价值观、幸福观、经济理论以及休闲情况，一定会对人们的休闲体育消费意愿产生限制作用，一定会使得刚刚进入城市的农村居民在休闲体育消费方面产生"不适应"，某些情况下还会产生休闲体育消费"换挡"的阶段。由此可知，在新型城镇化的发展过程中应当积极主动地挖掘和带动我国城乡居民的休闲体育消费意愿，缩短我国城乡居民休闲价值观以及休闲体育消费观念的过渡时间。牢牢抓住"一带一路"形势下产生的健康、快乐、时尚的新休闲体育消费形象，立足于多个视角带动广大群众多元化、分层化的休闲体育消费意愿，从而对我国休闲体育产业的发展进程贡献应有的力量。从整体来说，休闲体育消费大众化与休闲体育市场扩大化是实现休闲体育产业化的两个关键性基础。

（二）中国城乡居民休闲体育消费需求明显不足

休闲体育产业的发展状况往往受广大群众生活水平与生活方式的直接性作用。城乡居民具体的休闲体育消费愿望与休闲体育消费能力往往对我国休闲体育市场的发展状况有决定性作用。根据 2016 年 2 月国家统计局公布的数据显示，2015 年我国人均 GDP 为 49351 元约 8016 美元，已有 10 省市人均 GDP 突破 1 万美元。换句话说，这方面的情况向我国城乡居民休闲体育消费需求奠定了比较稳固的经济基础。但实际情况是：现阶段对我国休闲体育市场发展进程有支撑作用的城乡居民休闲体育消费需求水平依旧未能达到稳定状态，城乡居民的休闲体育消费需求还需要进一步激活和增加，休闲体育市场发育的总动力和总活力均需要采取切实有效的激活措施。这种情况和其他国家在该阶段休闲体育市场发展的情况存在不同之处。但是，当我们仔细思考一下，就不难发现这样的事实：当前中国城乡居民的消费热点，主要集中在住房和汽车等商品上；投资热点 2015 年主要集中在股票市场上；有近 50% 的农村居民，基本上不进行休闲体育消费，而城镇居民休闲体育消费人口总数又无明显增长；中国富人占有国民存款大部分；人们对中国医疗、教育、住房保障体系不完善的担忧以及人们对未来收入预期的不确定；中国的城镇化水平还比较低，2014 年中国城镇化率为 54.77%，与发达国家城镇化率一般已接近或高于 80% 相比，依旧存在很大的距离。我国休闲体育消费经济的发展状况一定会受我国城镇化水平偏低的限制。

从整体来说，我国城市居民与农村居民休闲体育消费需求不足的问题一定和以上这些方面的因素存在十分紧密的联系，这同时是我国休闲体育市场在发展中需要尽快解决的大问题。由此可见，我国休闲体育市场的培育工作需要从激发、调动、创造、提升我国城市居民与农村居民的休闲体育消费需求着手。

（三）休闲体育场地设施不能满足中国居民休闲体育消费的需求

就现阶段来说，广大群众休闲体育消费主要依托的场地设施分别是休闲体育设施与公共体育基础设施，但我国在两种设施的建设进度上相对落后。例如，我国一些地区的健身道路情况差，休闲体育场所停车难,这些因素都会在无形中制约我国休闲体育消费者在休闲体育方面的满意度和消费需求。休闲体育场地设施的空间分布问题与结构问题需要尽快解决,城市中心地带、城郊、农村分布的休闲体育场地设施在数量和质量上存在着很大的差距。与此同时,城市中的休闲体育设施供给存在单一化问题,我国当前已经存在的休闲体育俱乐部、休闲体育健身中心、居民区公共体育场所等的整体建设情况相对落后,难以满足我国城乡居民持续发展的休闲体育消费需求。以其他国家为比较对象,我国休闲体育场馆设施的整体数量与整体质量都与这些国家存在很大差距。从第六次全国体育场地普查结果来看,中国的休闲体育场地设施,无论在数量上,还是在质量上,仍显不足。这就必然导致在新型城镇化进程中,可供开展休闲体育服务经营的场所不够。事实上,目前新型城镇化进程中休闲体育场地设施的缺乏和广大人民群众日益多元化的休闲体育健身需求之间的矛盾是群众体育发展的主要矛盾。总之,在新型城镇化建设进程中,当前中国休闲体育场地设施紧缺的现状仍然严重制约着中国城乡居民休闲体育消费的需求。

（四）中国休闲体育产业人才不足

在"一带一路"形势下,我国休闲体育产业的发展速度持续加快,产业规模持续扩张,休闲体育产业在国民经济中的地位不断攀升,这项产业和其他存在关联产业的融合正在逐步进入"深水区",专业化人才在这项产业的发展进程中发挥的作用越来越突出。就现阶段来说,我国休闲体育产业人才不足主要反映在以下几个方面。

（1）在休闲体育产业人才存量方面,不仅人才数量较少,人才质量也比较低,精英人才短缺、人才创新意识薄弱、人才知识老化等都是迫切需要解决的问题。

（2）在休闲体育人才培养方面,以休闲体育产业发展过程中对休闲体育人才的实际需求为比较对象,我国设休闲体育产业有关专业的高等院校数量明显不足,办学基础力量薄弱是一项普遍性问题,我国高等院校培养的休闲体育产业人才和休闲体育市场需求之间存在很大的供需矛盾,此外我国专门用于培训专业休闲体育人才的机构同样存在严重短缺的问题。

（3）在休闲体育产业人才的引进方面,因为我国体育行业人才链存在封闭性,所以其他专业人才进入休闲体育产业存在很大难度,虽然我国实施了很多和引进人才相关的优惠政策,但并未获得十分显著的成效,休闲体育产业精英人才短缺依旧是一项需要尽快解决的问题。

（五）中国休闲体育产业的资本市场还未形成,未确立投资方的主体地位

在产业发展的过程中,资本是其重要要素之一。由于近年来休闲体育产业成本的不断增加,现有的资金完全无法支持休闲体育产业发展。更何况,在中国众多休闲体育产业中,中小型企业占多数,在现实中,它们难以找到相对有实力的大企业作担保人。于是,形成一个巨大的休闲体育产业融资需求市场。然而,在中国的金融体系中,资本市场的发育还不充分,休闲体育产业资本市场成熟度还远远不够,盈利模式并未廓清。商业银行"嫌贫爱富"现象越来越多,未对我国休闲体育产业企业融资渠道的多元化产生积极作用,因而我国休闲体育产业企业从社会各界筹资的难度很大。原本市场投融资可以向我国休闲体育产业注入强大的生命力,但受我国资本市场发展缓慢的限制,我国休闲体育产业的资本市场还未形成,投资方主体地位也未能确立,这对社会各界投资休闲体育产业的积极性产生了很大的抑制作用,最终造成全行业的资金供给明显短缺。因此,我国休闲体育产业企业出现了融资供求矛盾突出、"融资难,融资贵"的局面。

（六）中国休闲体育产业发展失衡,产业规模较小的问题突出

我国国情决定了休闲体育产业发展规模,经济发展区域失衡

对休闲体育产业发展进程产生了很大的抑制作用,我国城乡居民消费结构中的服务性消费、文化消费以及享受型消费所占比例比较低,这在全局层面抑制了我国休闲体育产业市场规模持续拓展的进程。在"一带一路"形势下,我国休闲体育产业发展失衡的常见表现如下。

1.区域失衡

不同地区受经济发展水平差异大的影响,使得各个地区休闲体育产业发展规模与整体水平同样存在很大差距。与东部地区相比,我国内陆地区尤其是西部地区的休闲体育产业发展速度缓慢、整体规模较小。

2.布局失衡

休闲体育产业设施和服务经营单位大多集中在大、中、小城市的商贸中心,而在小城镇、在城乡结合部,尤其是新建居民住宅小区则缺乏配套的休闲体育设施和服务经营单位。

3.项目开发失衡

就现阶段来说,开发较多的项目分别是有氧健身操、羽毛球、各种舞蹈、网球、瑜伽、乒乓球、台球等,而其他项目则开发较少。在服务项目上同构化比较严重,服务产品无明显差异,休闲体育产业经营缺乏特色。

4.休闲体育产业结构失衡

休闲体育用品业等相关产业的发展速度较快,是休闲体育产业中尤为关键的增长点,其制造业在我国东南沿海经济发达地区体育产业结构中占据关键位置。以休闲体育用品制造业为比较对象,我国的体育健身休闲业、体育竞赛表演业、体育旅游业发展的整体情况都不是很理想,总体规模偏小,但发展速度较快,因而具备很大的发展潜力。

除以上四个方面以外,尽管我国休闲体育产业已经取得了很多发展成果,但整体规模依旧需要进一步拓展,依旧有很多需要尽快解决的问题,具体包括活力不足、结构不科学、经营管理水平不高、健身产品相似之处过多等。市场主体发展不充分,市场主体的主动性未能被全面激发与保护起来。市场在资源配置过程中应有的作用未能发挥出来,政府推动休闲体育产业工作体制机制急需进一步挖掘,没有产生多部门联动的良好局面。我国中部地区、西部地区以及广大农村的休闲体育产业发展速度过慢,供给水平偏低,产品单一化,服务的整体水平偏低等因素,均对我国休闲体育产业扩大规模产生了很大的制约作用。以欧美发达国家为比较对象,我国休闲体育产业规模不够大的问题必须尽快解决。

二、"一带一路"形势下中国休闲体育产业发展对策

（一）把创新作为转变发展方式的核心内容，驱动中国休闲体育产业转型升级

回顾过去的 30 多年来,率先发展起来的中国休闲体育制造业始终伴随着工业化进程中的劳动密集型轻纺工业的发展。在中国工业化过程中的劳动密集型的休闲体育加工制造工业成为休闲体育产业的核心支柱。在"一带一路"形势下,为更好地适应我国经济增速主动放缓和发展方式的转型升级,中国产业趋向"产品差别型和生产工序型"深化分工,技术密集型产业将进入中心位置。在我国产业类型转换升级的过程中,一定会使得我国休闲体育产业从由劳动密集型转入技术密集型、知识密集型的新常态,中国休闲体育产业将发生深刻变化,产业水平和效率将实现快速发展。

另外,我国经济环境已经产生翻天覆地的变化,过去形成的高消耗、低产出的产业发展形式已经难以达到新发展的各项要求。针对这种情况,我国休闲体育产业一定要将科技创新定位成转变方法的关键性内容,牢牢围绕"创新、协调、绿色、开放、共享"

五大发展理念，将创新置于国家发展全局的关键性位置，由此构建出把创新定位成核心内容的新体育经济模式，依靠自己、走自主创新，创新驱动发展特别是科技创新驱动发展的道路，使创新成为体育经济增长的动力，促进体育经济总量和体育经济质量的双重增长。

（二）调整结构，驱动中国休闲体育产业优化升级

在"十三五"期间，我国将继续加大产业结构的调整力度，继续加大第三产业的发展力，特别是要高效推进服务业的发展进程，同时利用从工业优先发展向服务业适度优先发展的战略转型，顺利达到由工业大国向服务业大国的转型。

在"一带一路"形势下，调整国家层面的产业结构一定会加快打破休闲体育工业部门的产能过剩与休闲体育服务业部门供给不足并存局面的实际速度，所以说继续深化"休闲体育产业供给侧结构性改革"，可以向我国休闲体育产业的发展和升级注入很大的活力。在我国总体收入与资本存量持续增长的背景下，一定会使得我国休闲体育服务业各个方面的需求得到大幅度提升，特别是会有效加快我国休闲体育中介、休闲体育培训等生产性服务业的发展进程，最后对我国休闲体育产业结构产生十分显著的优化作用。

同时，区域结构从各"自"为战到协调发展。长期以来，我国休闲体育产业区域结构一直未能达到平衡状态，我国东部地区休闲体育产业凭借天然优势与政策红利逐步占据了绝对优势。中西部和东部地区的休闲体育产业的实际落差持续增大。在"一带一路"形势下，世界各国的休闲体育产业发展形势正在发生着翻天覆地的变化，强调"一弓双箭"的战略布局，逐步实现"区域一体化"，"一弓"覆盖东部沿线的东北、京津冀以及海上丝绸之路；"双箭"贯穿东西部的长江经济带与陆上丝绸之路。强调"全国一盘棋"，区域协调发展为中国休闲体育产业注入强大的动力，应该说，"一弓双箭"的一体化创新发展战略格局，将是中国休闲体

育产业区域协调发展的重要引擎和新动力。立足于全局展开分析,"一带一路""京津冀协同发展"和"长江经济带"是区域发展由非均衡过渡为均衡的三项战略,不但能正确引导我国的区域创新发展,而且能从根本上推进我国休闲体育产业的发展进程。

（三）采取休闲体育产业适度优先与协调发展战略,加快我国休闲体育产业发展速度

在"一带一路"形势下,我国城乡居民的收入水平不断提升,消费结构持续升级转化,为我国休闲体育产业的可持续发展注入了很大的生命力。针对这种情况,我国各级政府应当牢牢把握时机,在制定产业发展战略的过程中积极采取休闲体育产业适度优先发展战略,从根本上推进我国休闲体育产业的发展进程,促使我国休闲体育产业朝着更好的方向发展。除此之外,我国是一个人口大国,当所在地区、城乡、城区、消费群体不同时,人们的收入水平与消费结构同样会产生的很大的差异,而这些差异是造成我国阶段休闲体育产业发展失衡的关键性原因。

但针对我国"一带一路"的发展形势,处于新型城镇化进程中的我国休闲体育产业发展一定会由各"自"为战到协调发展。在国家强调"一弓双箭"的战略布局下,我国将逐步实现"区域一体化"。具体是:"一弓"覆盖东部沿线的东北、京津冀以及海上丝绸之路;"两箭"贯穿东西部的长江经济带与路上丝绸之路。在强调"全国一盘棋",区域协调发展将为中国休闲体育产业注入强大的动力,应该说,"一弓两箭"的一体化创新发展战略格局,将是中国休闲体育产业区域协调发展的重要引擎和新动力。

立足于全局进行分析,新常态下的"一带一路""京津冀协同发展"和"长江经济带"是区域发展从非均衡转向均衡协调的三大新战略,还是指导我国区域创新发展的重要思想,一定会从根本上推进我国休闲体育产业的发展进度,一定会向"一带一路"形势下的中国休闲体育产业注入强大的发展动力。

（四）加强休闲体育场馆设施开发建设力度，加快推动学校体育场馆设施向社会开放

在开展休闲体育活动和提供休闲体育服务的过程中，休闲体育设施和公共体育设施是不容忽视的基础性条件。对于我国政府，不仅要进一步增加开发健身力度，还要放宽各项限制条件，也要对民间投资予以肯定和支持，凭借民间资本与政府资本两种手段实现资本效益最大化。在开发休闲体育场馆设施与休闲体育项目的过程中，应当在密切结合时代变化与消费者实际需求的基础上，重点彰显休闲体育消费的多元化性特征，此外着重反映多个层次的休闲体育消费以及多个地域的休闲体育消费特点。要结合群体消费者的实际情况推出切合实际的休闲体育产品，现阶段应当着重开发和低收入者情况吻合的休闲体育产品，从而使我国居民的休闲体育消费水平获得大幅度提升，详细措施如下。

1. 制定和我国休闲体育场馆设施相关的政策或规划

合理规划我国休闲体育场馆建设的实际数量、具体标准、具体位置，同时将其列入新型城镇化、新农村建设中，由此实现科学使用的目标。在新型城镇化建设的进程中，要加强乡间、原野、小城镇休闲体育场所的规划开发建设，为城乡居民提供更多的户外运动场所，最终加快城乡休闲体育产业的发展速度。

2. 加强城市社区、农村新社区、乡镇的健身活动室或站的建设

尤其应加大对县域农村体育健身工程的投入比重，解决公共配套服务设施缺位严重的问题。这是在新型城镇化进程中必须预先作好安排，提前统筹的问题。总之，新型城镇化进程中中国农村休闲体育基础设施建设的推进，将极大地促进中国农村休闲体育产业的快速发展。

3.促使我国学校体育场馆设施自觉向社会各界人士开放

全面挖掘与发挥学校的体育场馆设施,从而满足城乡居民在休闲体育健身方面的实际需求,保证学校体育场馆设施达到物尽其用的要求。县域地方政府应当在学校体育场馆设施向社会开放的过程中发挥主导性作用,倘若出现地方政府管理缺位问题则一定会减缓开放速度,所以说一定要保证学校体育场馆设施积极主动地向社会开放,由此实现学校体育场馆设施利用效率最大化。

(五)大力培养我国休闲体育产业创新人才

对于休闲体育产业发展情况来说,创新型人才能够对其产生很大的推进作用。受我国很长时间内采取计划经济模式办体育的影响,我国掌握休闲体育知识的创新型人才十分有限,休闲体育产业经营意识薄弱、知识储备少、创新积极性不足是我国休闲体育产业人才存在的普遍性问题。放眼全国,我国休闲体育工作者的创新意识和市场观念都需要进一步增强,同时他们现有的知识结构往往无法满足市场经济需求。但对一般的产业经营者而言,他们在休闲体育运动方面储备的专业知识较少。

总而言之,休闲体育产业创新型人才不足是造成我国休闲体育产业产生发展困境的一项重要原因。因此,相关部门应该大力实施休闲体育教育改革和创新驱动战略,采取多种方式、多渠道地加快休闲体育产业创新人才的培养力度和步伐。充分利用高等院校培养更多更好的休闲体育创新型人才,从而为休闲体育产业的健康快速发展提供足够的人力资源保障。

参考文献

[1] 胡键 . 一带一路战略构想及其实践研究 [M]. 北京：时事出版社, 2016.

[2] 杨铁黎 . 体育产业概论 [M]. 北京：高等教育出版社, 2015.

[3] 丛湖平 . 体育产业理论与实践 [M]. 北京：人民体育出版社, 2006.

[4] 张保华, 陈慧敏 . 体育产业的经济属性分析 [J]. 广州体育学院学报, 2006（01）.

[5] 易剑东 . 中国体育产业的现状、机遇与挑战 [J]. 武汉体育学院学报, 2016（07）.

[6] 王子朴, 朱亚成 . "一带一路"背景下体育赛事发展的价值、困境与策略 [J]. 北京体育大学学报, 2017（07）.

[7] 任海 . 论体育产业对中国体育发展的影响 [J]. 体育科学, 2015（11）.

[8] 黄海燕, 张林, 陈元欣等 . "十三五"我国体育产业战略目标与实施路径 [J]. 上海体育学院学报, 2016（02）.

[9] 杨丽丽 . 我国体育产业结构现状与优化对策研究 [D]. 上海体育学院, 2013.

[10] 杨倩 . 我国体育产业结构优化升级研究 [D]. 上海体育学院, 2011.

[11] 任波, 戴俊 . 我国体育产业结构优化研究——基于中美比较的视角 [J]. 体育文化导刊, 2017（06）.

[12] 孔朝晖.中国体育产业结构现状及优化策略研究 [J].经济研究导刊,2017（13）.

[13] 刘远祥,孙冰川,韩炜.促进体育产业结构优化的政策研究 [J].山东体育学院学报,2017（01）.

[14] 姜同仁,张林."一带一路"与中国体育产业对接发展路径研究 [J].西安体育学院学报,2017（02）.

[15] 邵凯."一带一路"战略布局下我国体育产业融合路径研究 [J].体育科研,2015（06）.

[16] 李润."一带一路"格局下我国体育产业发展的理论构想 [J].广州体育学院学报,2017（04）.

[17] 姜同仁.新常态下中国体育产业政策调整研究 [J].体育科学,2016（04）.

[18] 郑志强.中国体育产业政策研究综述 [J].体育学刊,2010（06）.

[19] 郑志强.中国地方体育产业政策比较研究 [J].北京体育大学学报,2014（10）.

[20] 陈晓峰.我国现今体育产业政策分析:存在问题与发展趋势 [J].北京体育大学学报,2017（05）.

[21] 彭晶晶.中国体育产业市场研究——基于 SCP 范式 [D].武汉大学,2012.

[22] 李骁天,王莉.对我国体育用品产业市场结构特征的研究 [J].体育科学,2007（05）.

[23] 柳伯力.我国体育产业经营管理人才培养的问题与思考 [J].体育文化导刊,2007（08）.

[24] 李燕领,王家宏.基于产业链的我国体育产业整合模式及策略研究 [J].武汉体育学院学报,2016（09）.

[25] 陈元欣,王健.我国公共体育场(馆)发展中存在的问题、未来趋势、域外经验与发展对策研究 [J].体育科学,2013（10）.

[26] 陈元欣,易国庆,王健.服务外包在体育场馆经营管理中的应用 [J].上海体育学院学报,2013（02）.

[27] 黄海燕,张林.体育赛事综合影响框架体系研究 [J].体育科学,2011（01）.

[28] 黄海燕.近年来我国体育赛事管理研究进展 [J].体育科研,2012（03）.

[29] 史悦红.我国大型体育赛事风险管理的研究 [J].广州体育学院学报,2016（01）.

[30] 董红刚.职业体育联赛治理模式：域外经验和中国思路 [J].上海体育学院学报,2015（06）.

[31] 王先亮,杨磊,任海涛.我国休闲体育产业的特征及布局 [J].体育学刊,2015（02）.

[32] 喻坚.新常态下中国休闲体育产业发展对策研究 [J].山东体育学院学报,2016（05）.